中華古玉 — 龍騰鳳舞

CHINESE ARCHAIC JADE-Dragon & Phoenix

羅基煌 編著

題詩

題羅基煌精藏古玉

龍鱗斑斑，鳳羽翩翩
龍身蟠矯，鳳体高蹈
吟嘯日月，出入風雲
歷史雖老，神話猶年輕
那排場，那氣象
雕工玉匠一生的奉獻
鳳裔龍族千載的遐想

余光中

前言

浸淫中華文物鑑賞和蒐藏，已逾三十年。
歷程中對中國歷史、人文，時代精神與內涵，
文物藝術審美與鑑賞，持續鑽研、領會，受益良多。

中華玉文化悠久綿延。
玉器在中國人的心目中是崇高、尊貴、吉祥的表徵，
也是最精美，最凝聚時代氣息、內涵與風格的文物款式。

透過溫潤質感、秀雅造型、優美紋飾、精湛工藝，
彰顯時代精神與審美特質。
面對美的藝術，令人產生心靈共鳴，引起無窮遐思。

編錄“中華古玉—龍騰鳳舞”，選件自我收藏，
以龍鳳為主題，以圖片為載體，
邀請大家悠遊時空，賞析精品。
期盼能得賞心悅目、心領神會。

羅基煌

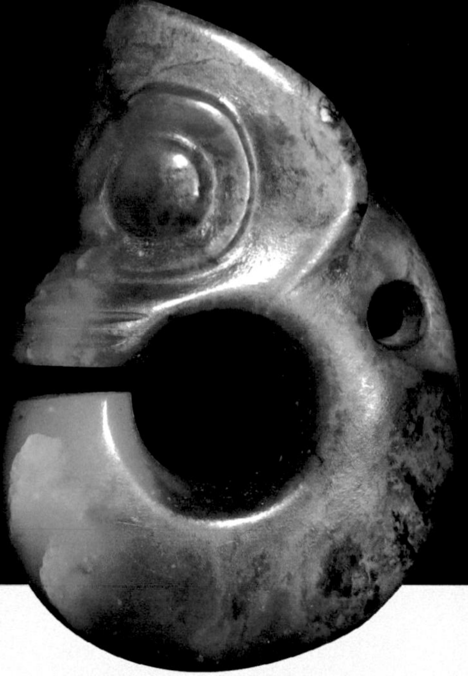

第一篇

中華古玉—龍騰鳳舞

CHINESE ARCHAIC JADE-Dragon & Phoenix

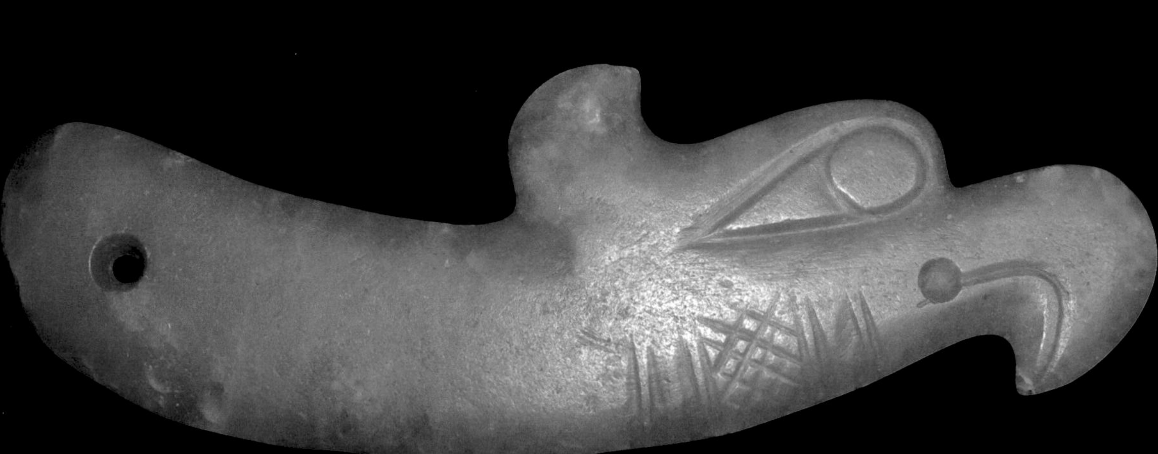

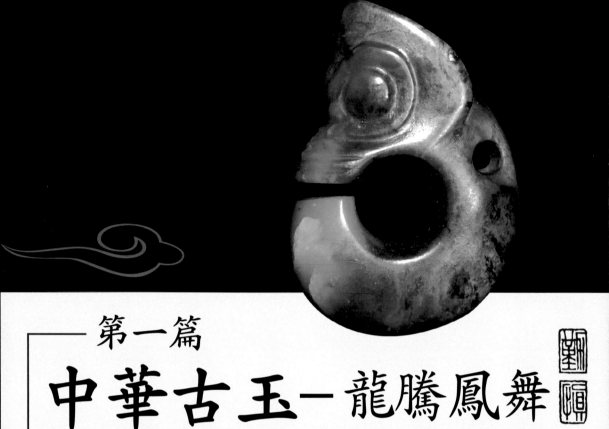

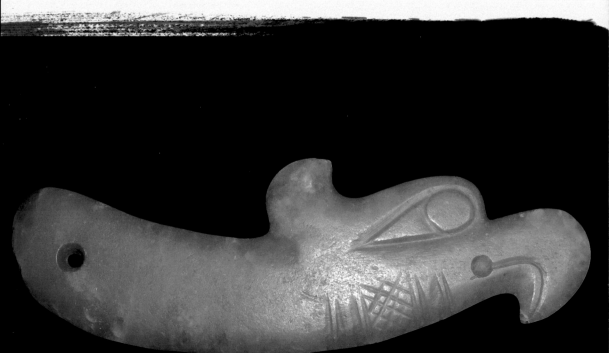

中國玉器歷史悠久、綿延，工藝精湛，內涵豐厚。
文化品味最高，反映歷史和社會風貌。
代表中國傳統文化極富特色的藝術形態，
具有高深的歷史、藝術和審美價值。

玉器在遠古是溝通天地神祇的靈物，
具有高貴、神秘特質，賦與特殊精神屬性。

玉是大地的精華。
玉器溫潤光瑩、剛柔相和、陰陽相諧。
造形、工藝與紋飾蘊藏深邃內涵、
寓意和想象，
反映時代社會的豐富精神與意識。

玉器是中國特有的歷史文化現象。
玉器所代表反映與象徵的是
中華文化史的物質和精神文化的大貌，
並具有廣博精深和含蓄秀麗的文化特性。

在傳統文化中，玉器成為迎福祥、驅禍祟的珍寶靈物。
中華玉文化展現整個群體或時代的意識觀念、審美和理想，
表彰中國人的理智和情感。

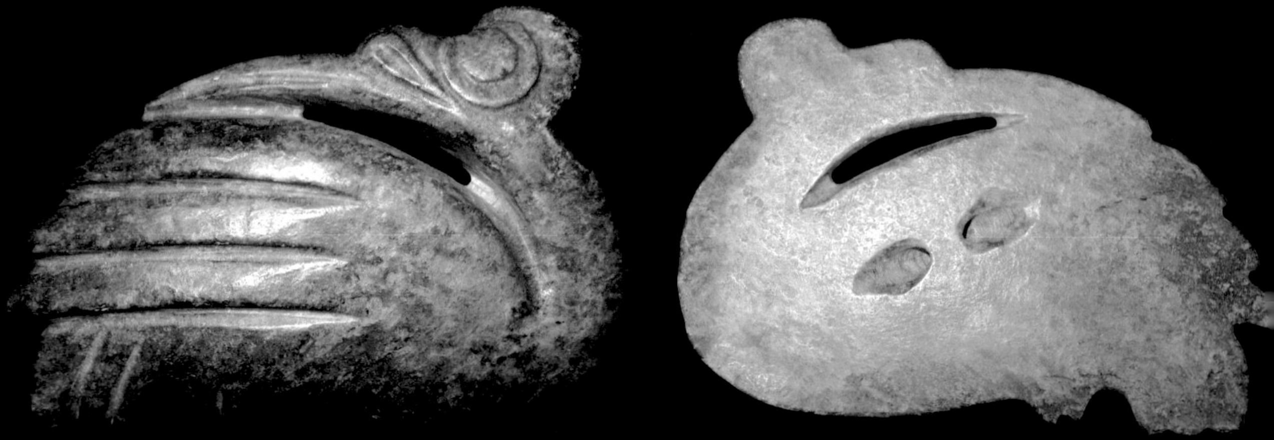

L 9.0 cm

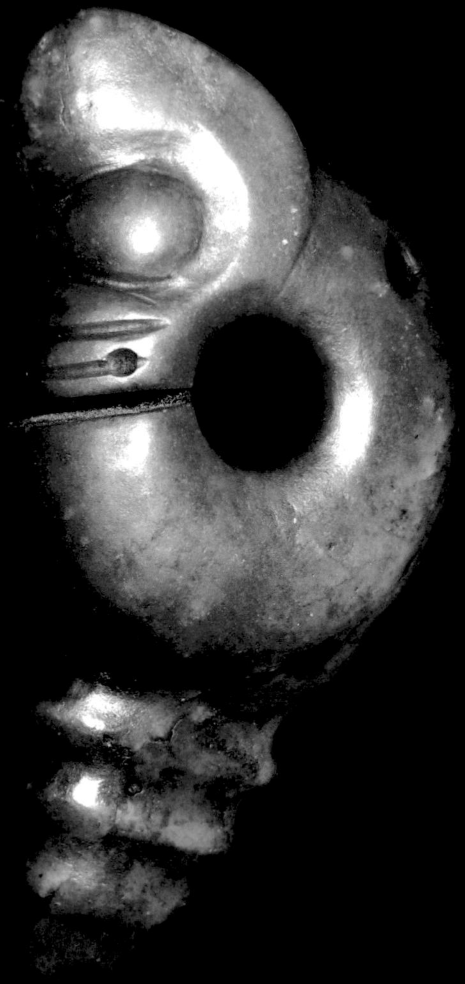

H 9.9 cm

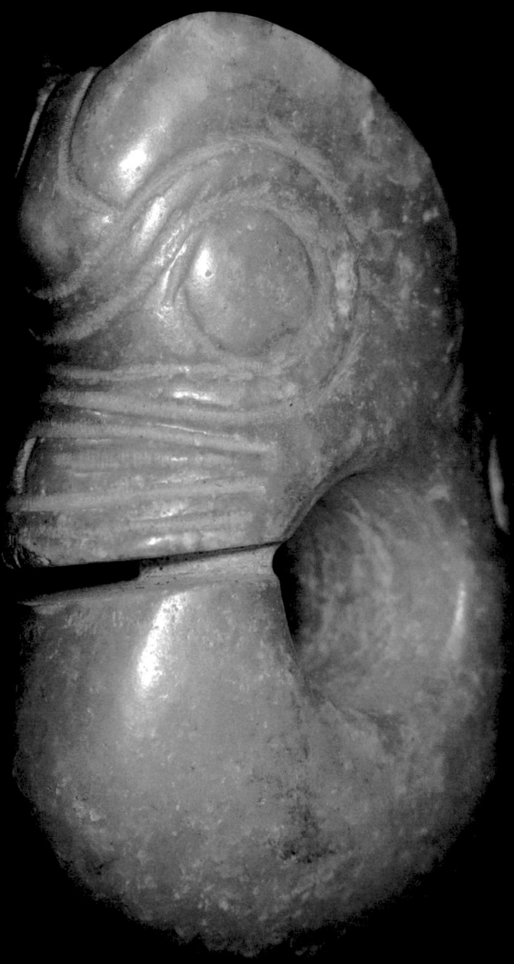

H 5.0 cm

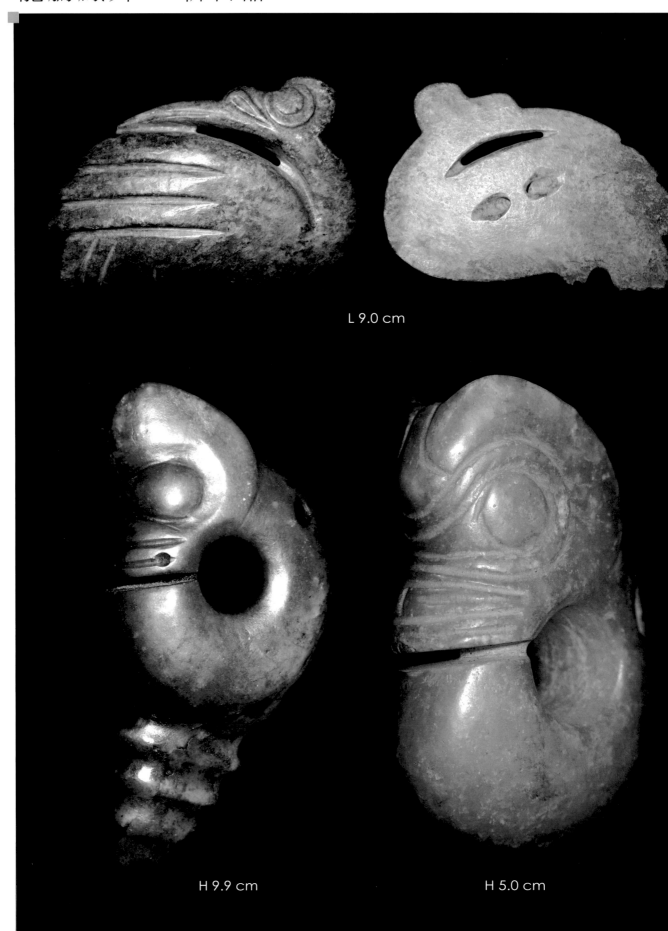

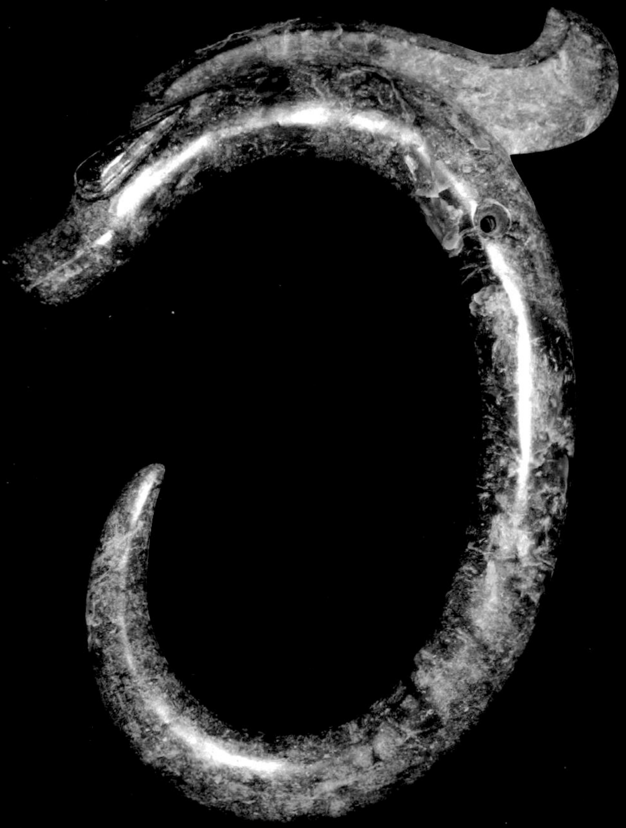

H 26.0 cm

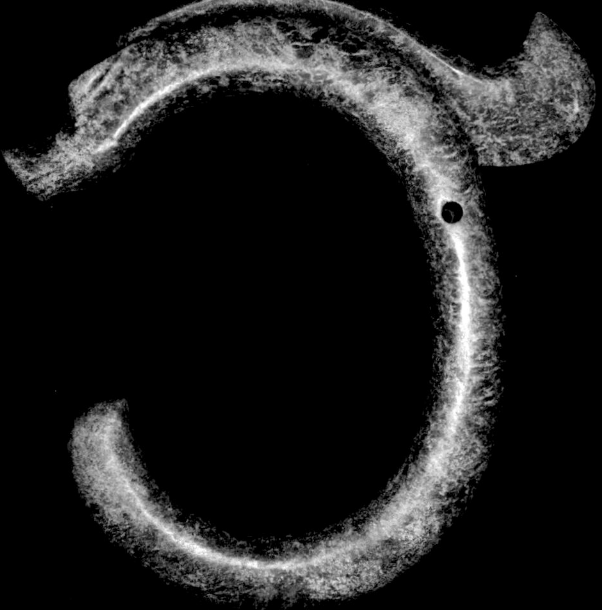

L 28.9 cm

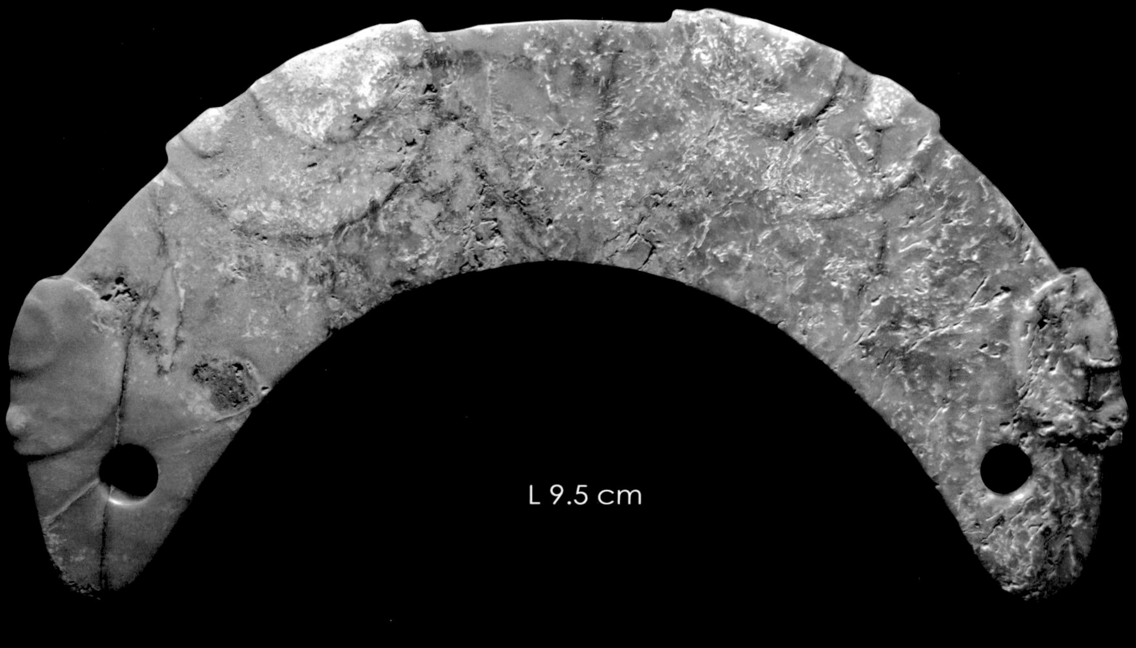

L 9.5 cm

D 13.8 cm

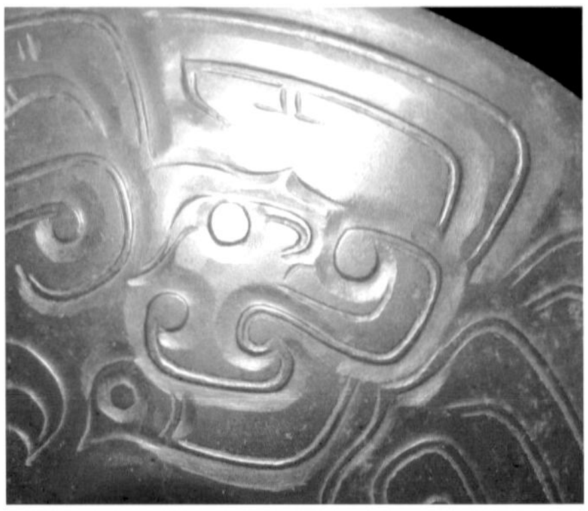

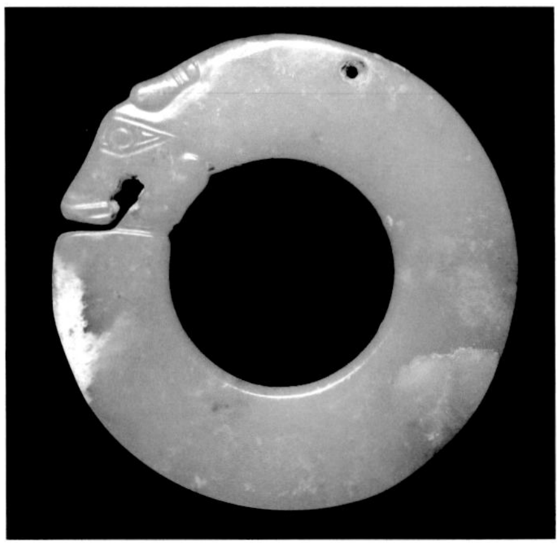

D 6.4 cm

W 6.3 cm

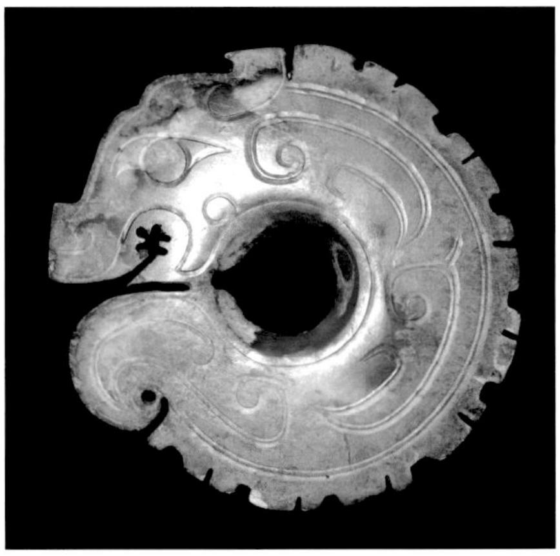

L 8.1 cm

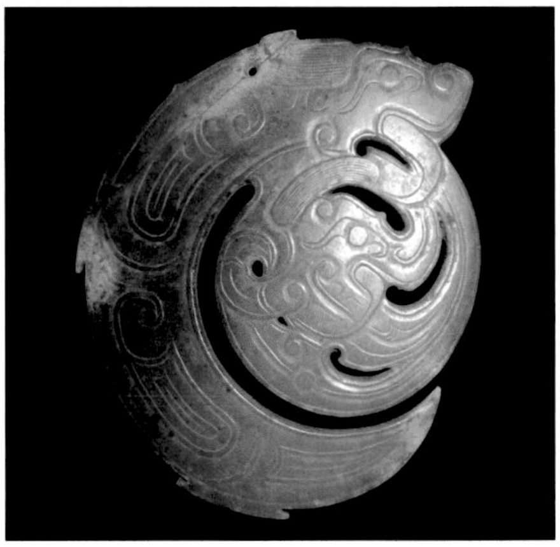

H 11.0 cm

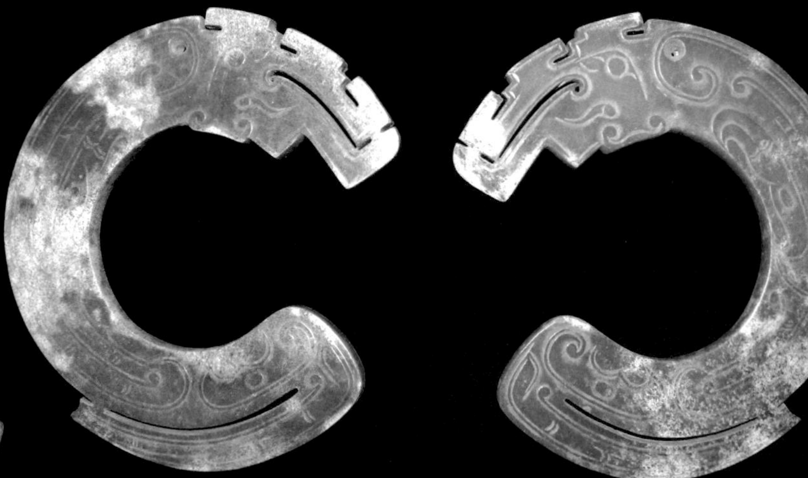

H 12.6 cm

L 6.4 cm

L 4.8 cm

L 19.2 cm

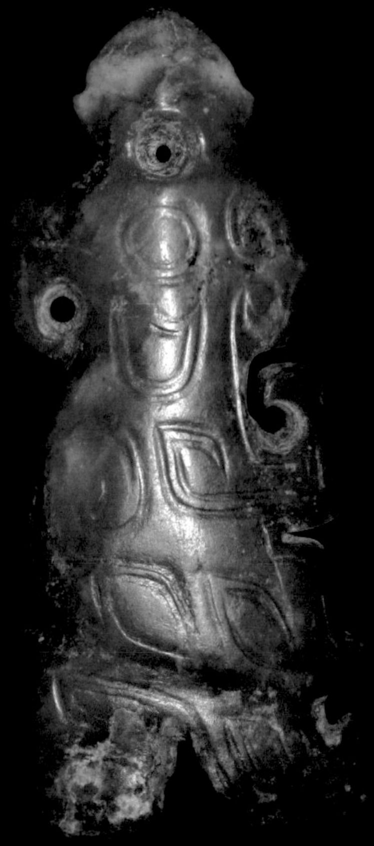

H 6.3 cm

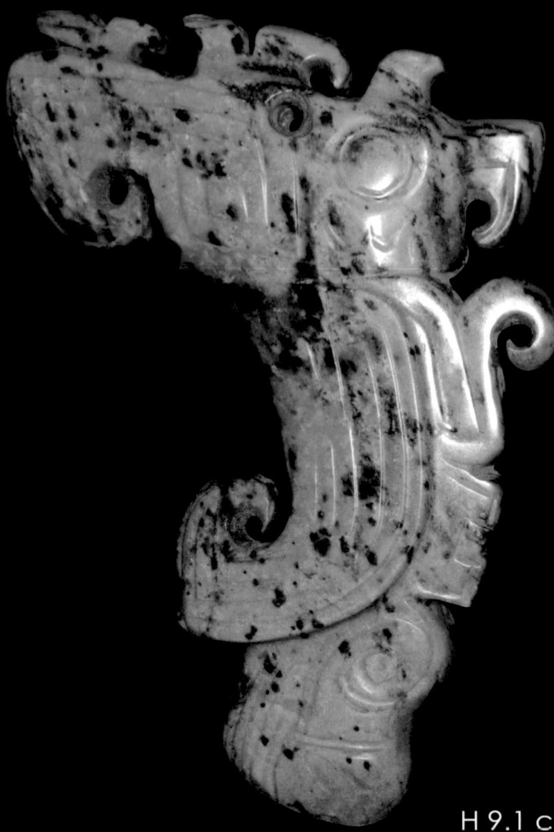

H 9.1 cm

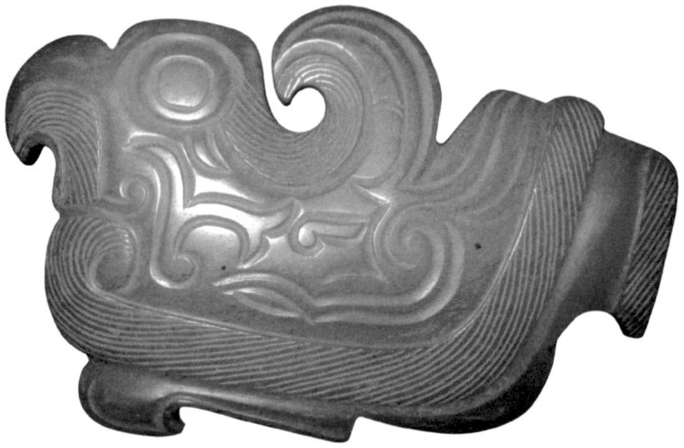

L 6.5 cm

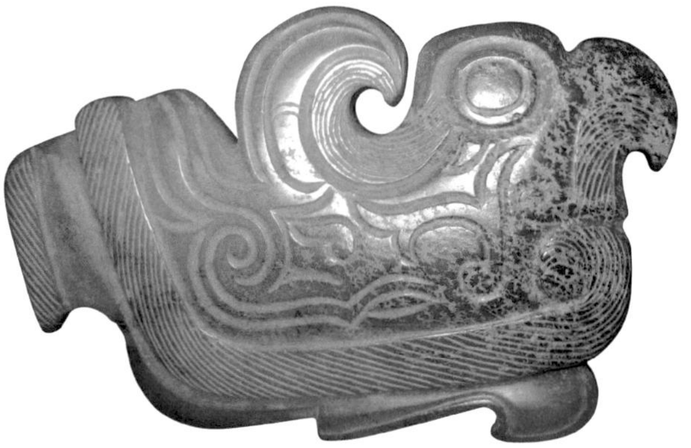

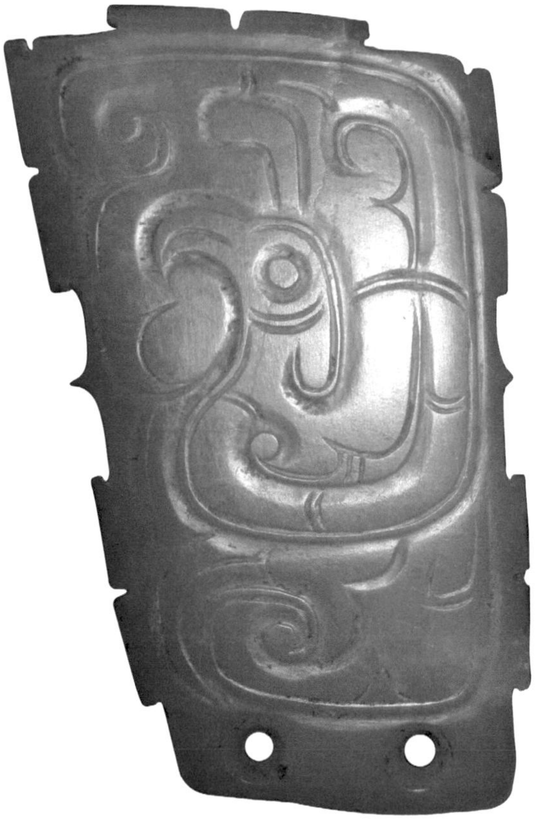

H 5.6 cm

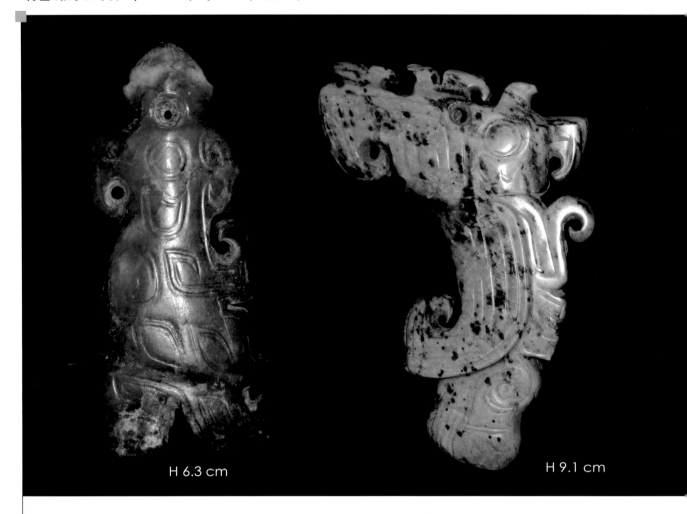

L 4.8 cm

L 4.8 cm

L 4.8 cm

L 4.8 cm

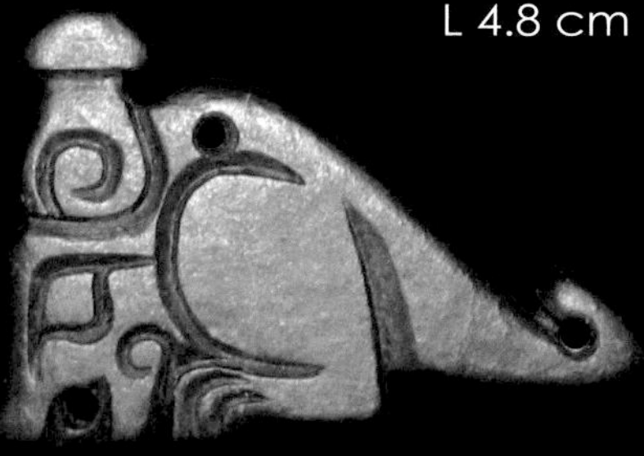

L 4.8 cm

H 9.7 cm

W 5.4 cm, H 6.0 cm

W 2.9 cm

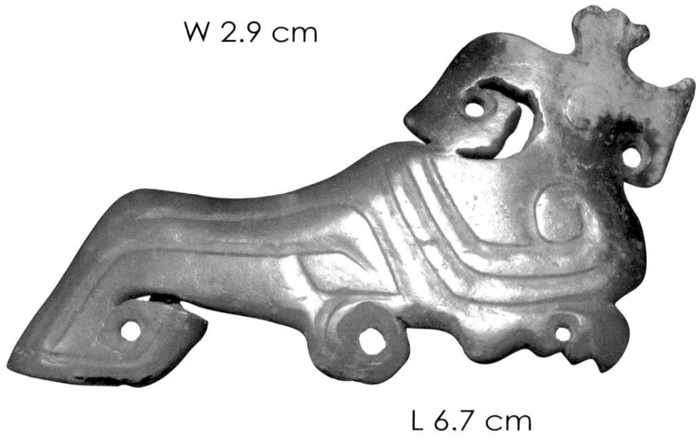

L 6.7 cm

W 5.9 cm, H 4.1 cm

H 7.6 cm, H 7.5 cm, H 8.3 cm

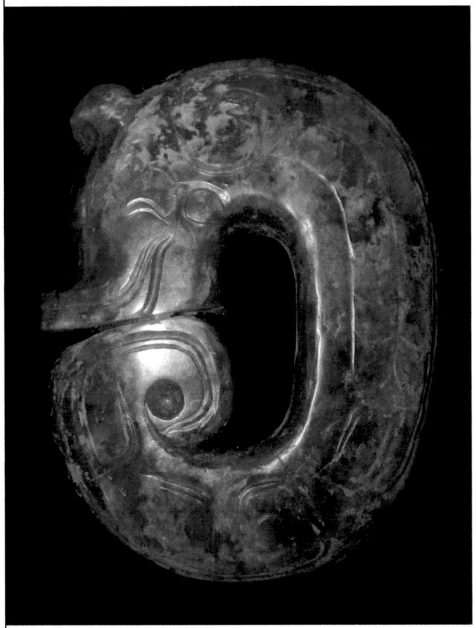

W 6.0 cm, H 7.6 cm, T 2.6 cm

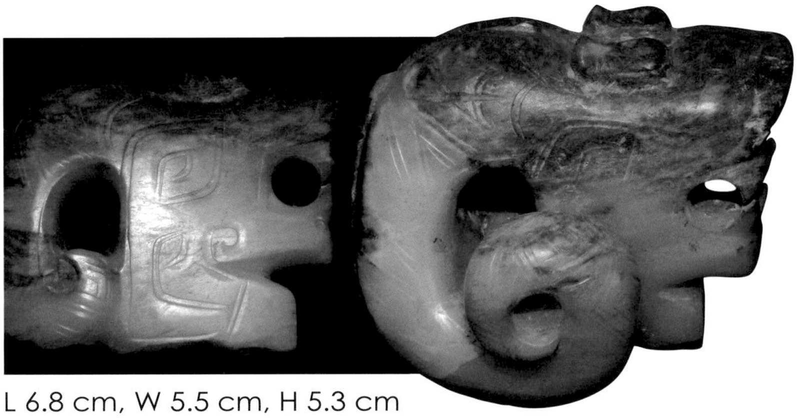

L 6.8 cm, W 5.5 cm, H 5.3 cm

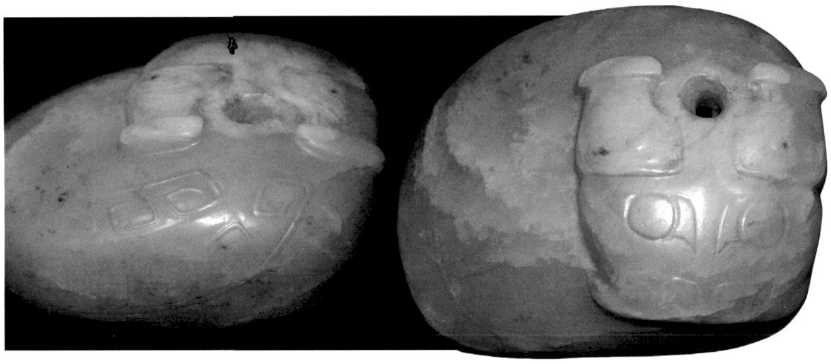

L 6.2 cm, W 5.0 cm

H 8.8 cm, W 5.6 cm

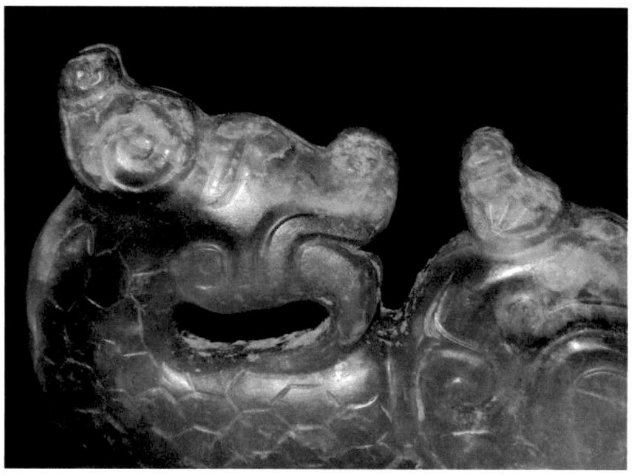

H 9.4 cm

H 6.2 cm

L 16.5 cm

L 18.7 cm

L 17.5 cm

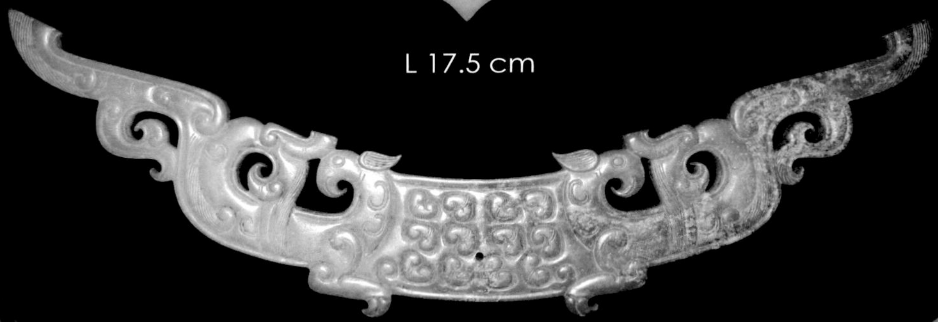

L 19.7 cm

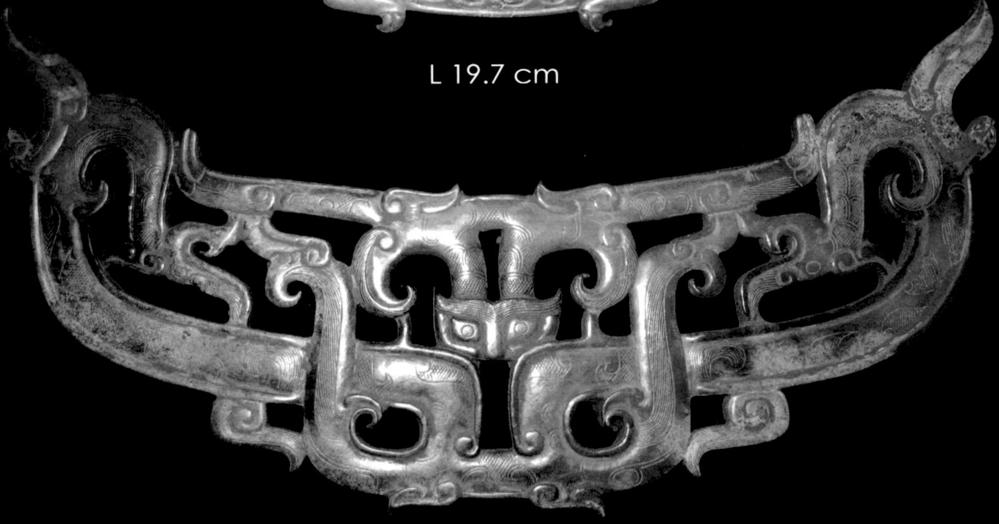

L 20.2 cm

H 22.3 cm

H 28.2 cm

L 11.8 cm

H 11.4 cm

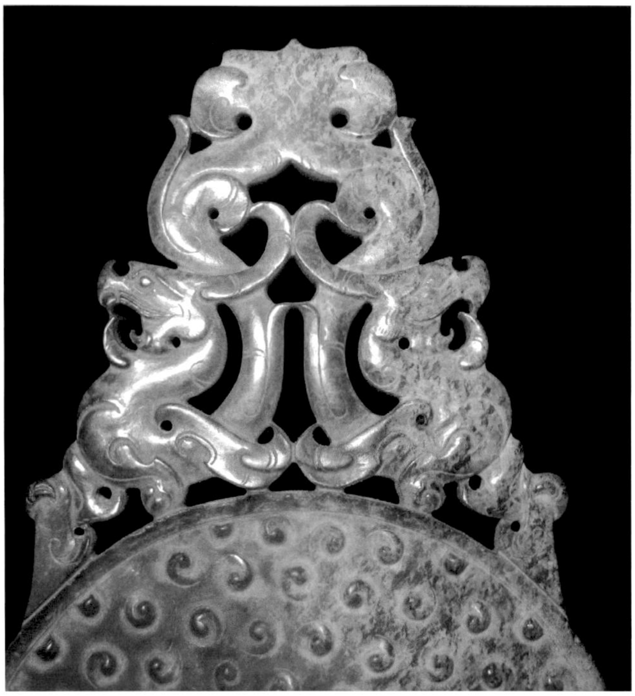

H 15.4 cm

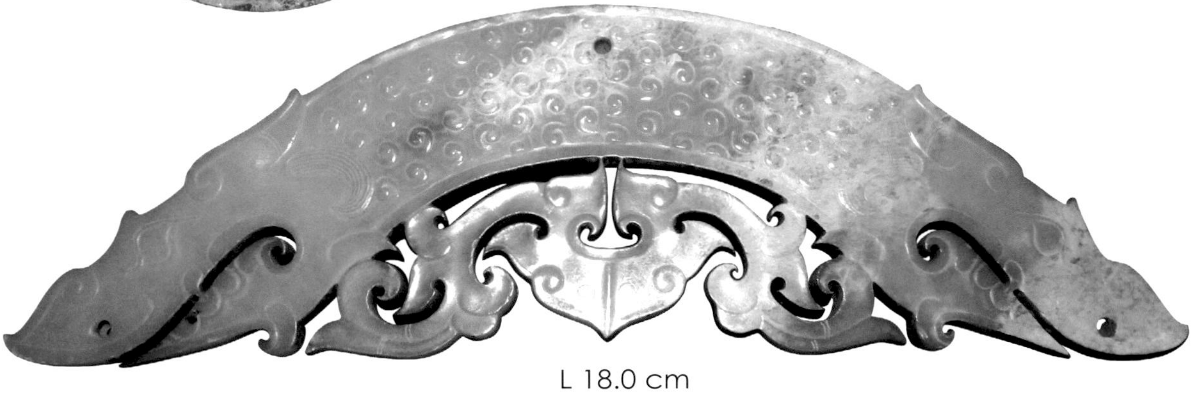

L 18.0 cm

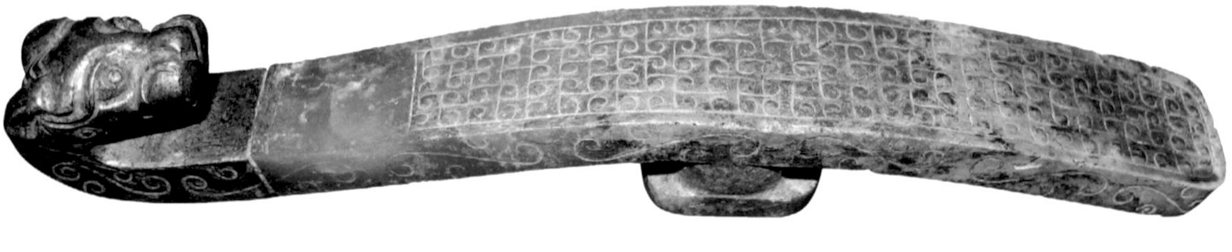

L 14.9 cm

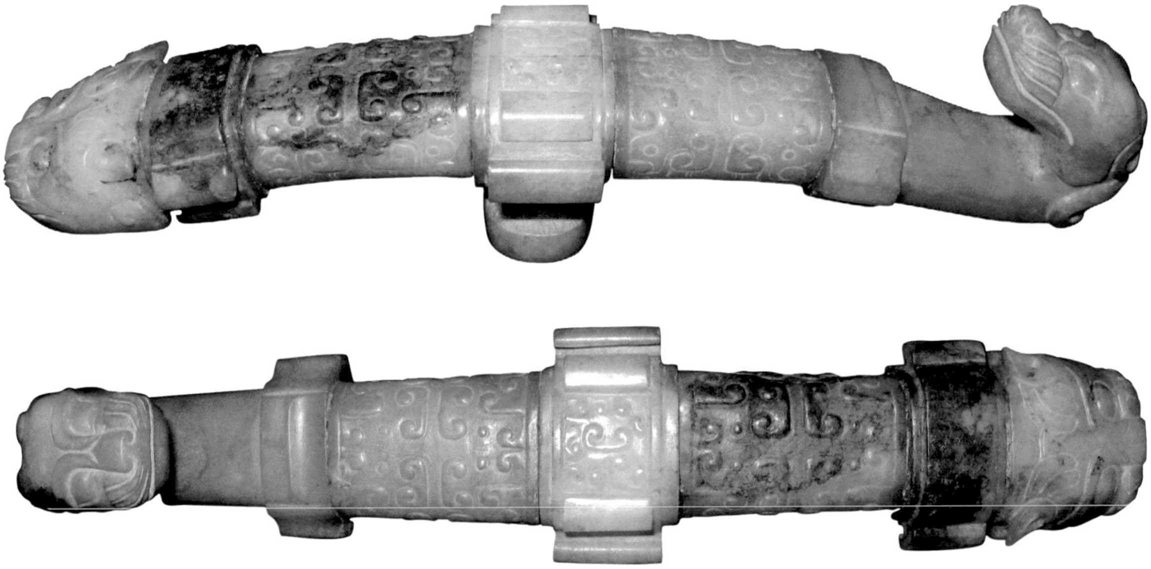

L 15.1 cm

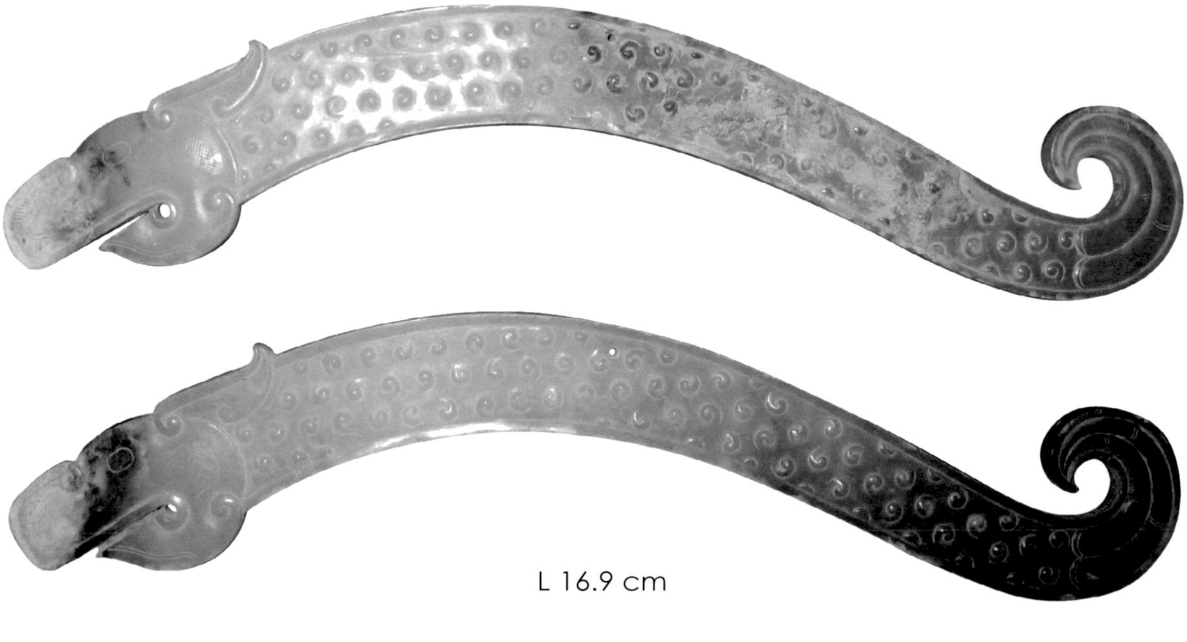

L 16.9 cm

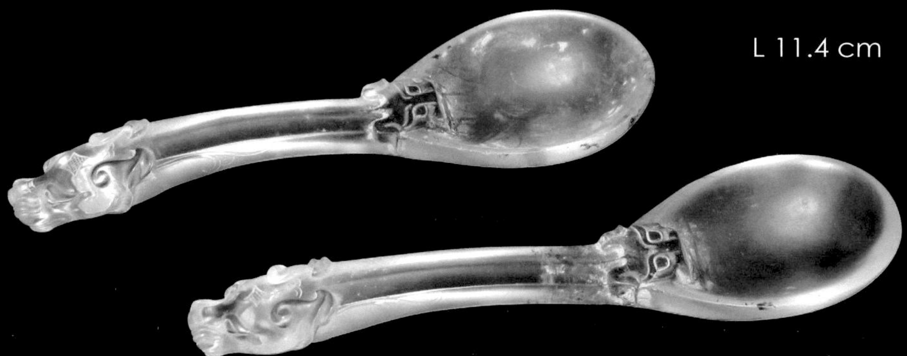

L 11.4 cm

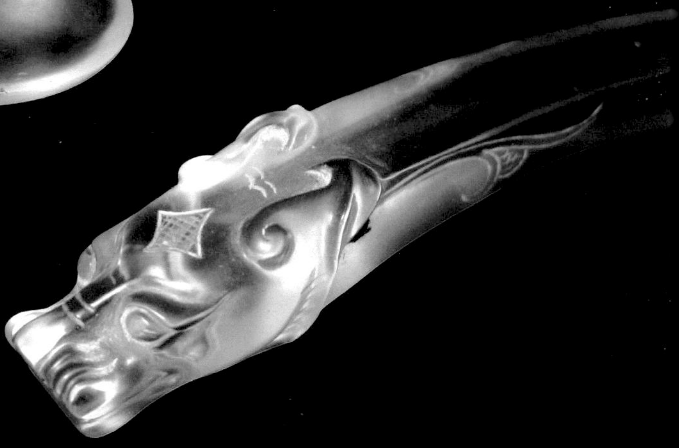

L 9.3 cm

H 19.8 cm

H 9.6 cm

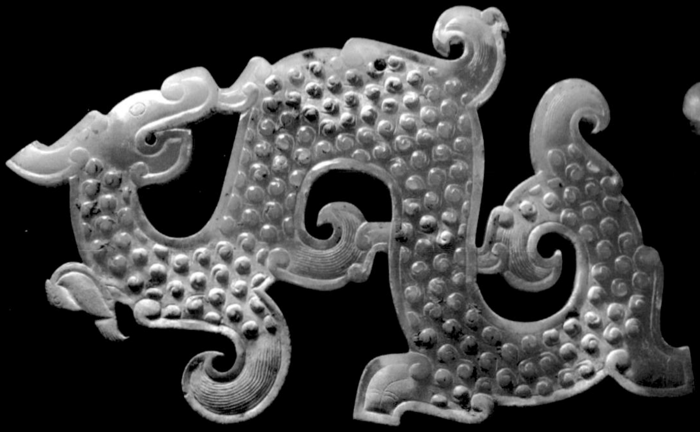

L 16.1 cm

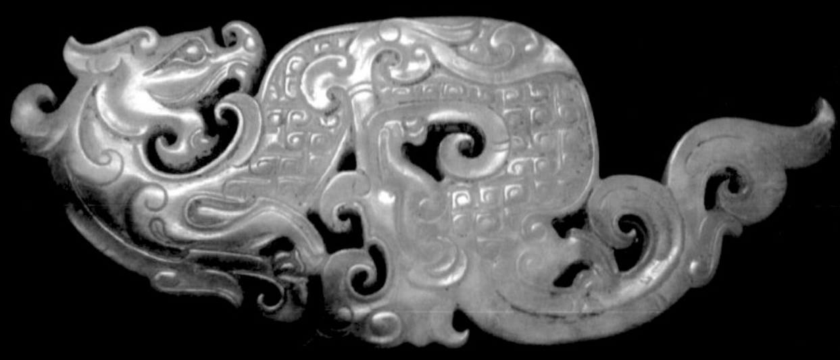

L 8.9 cm

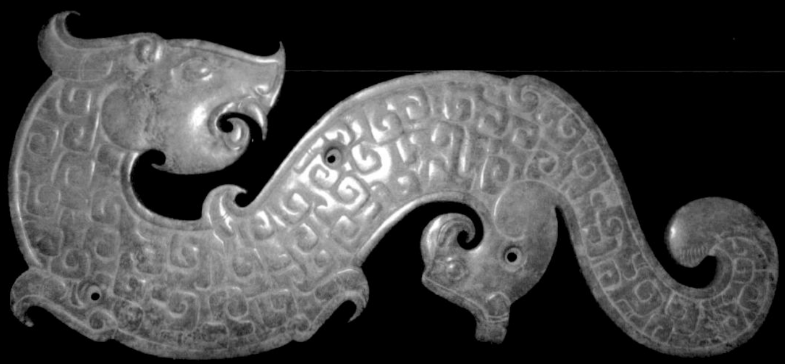

L 10.2 cm

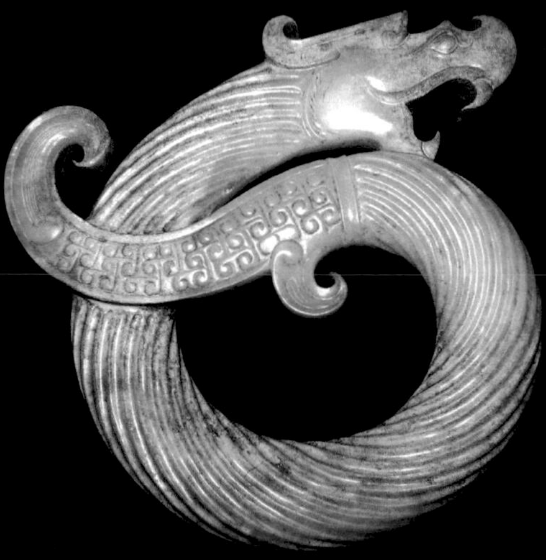

L 11.6 cm

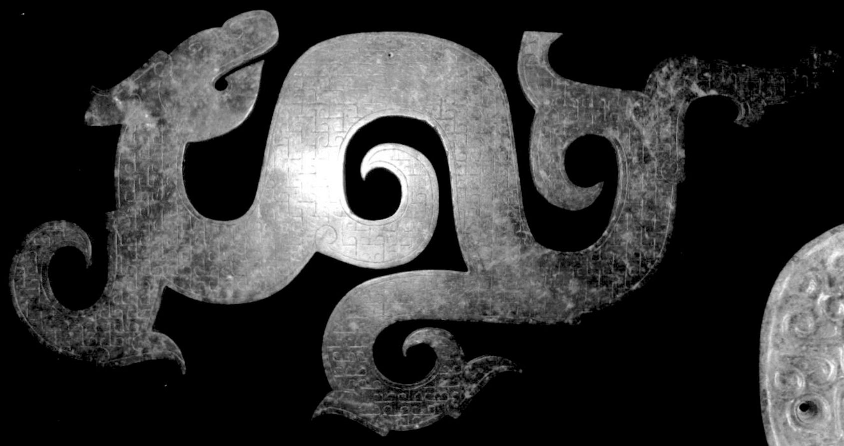

L 32.0 cm

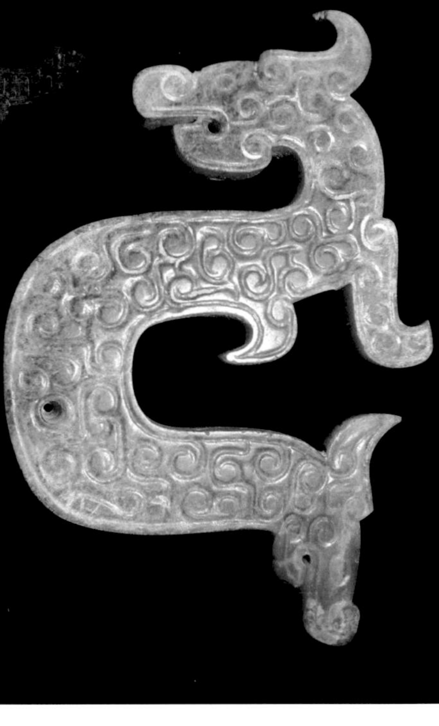

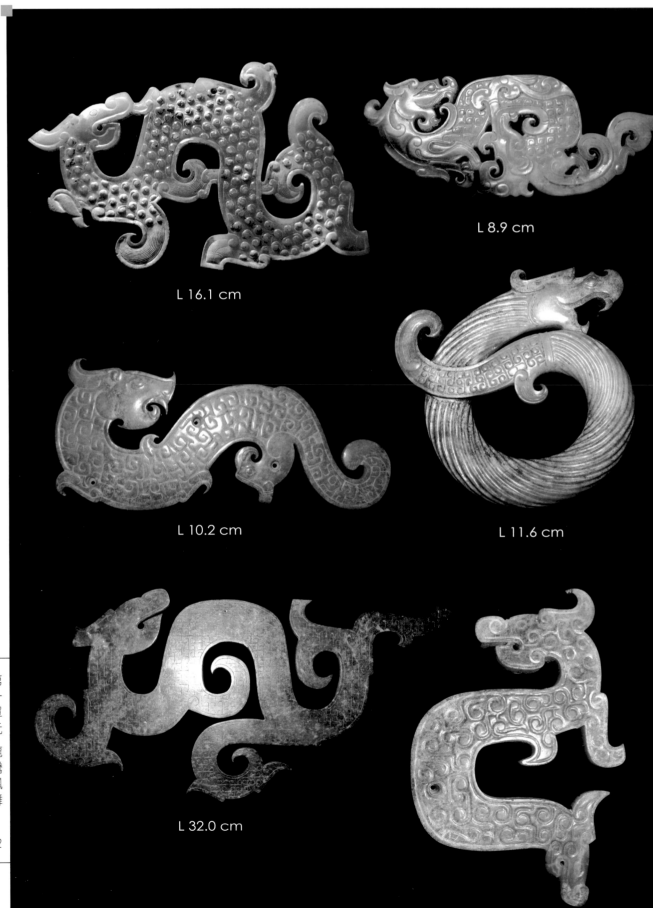

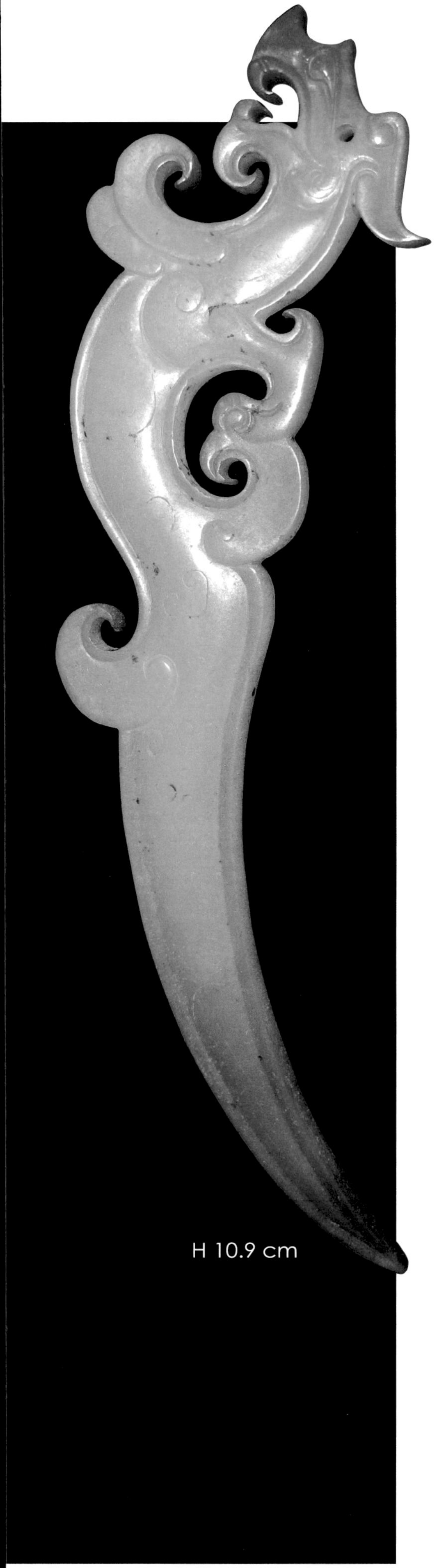

H 10.9 cm

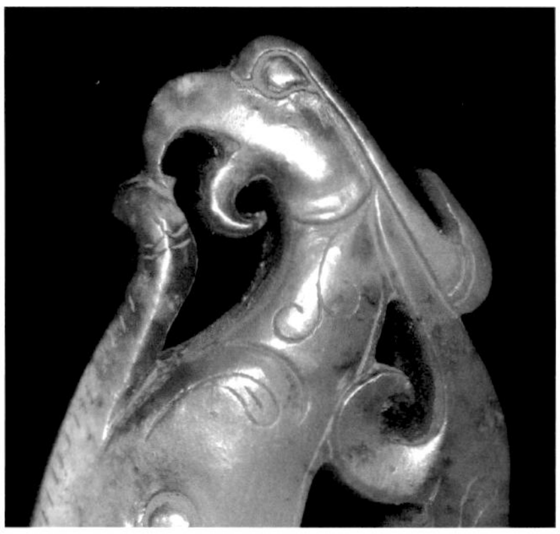

H 7.9 cm

H 10.1 cm

H 15.4 cm

L 6.2 cm

L 6.8 cm

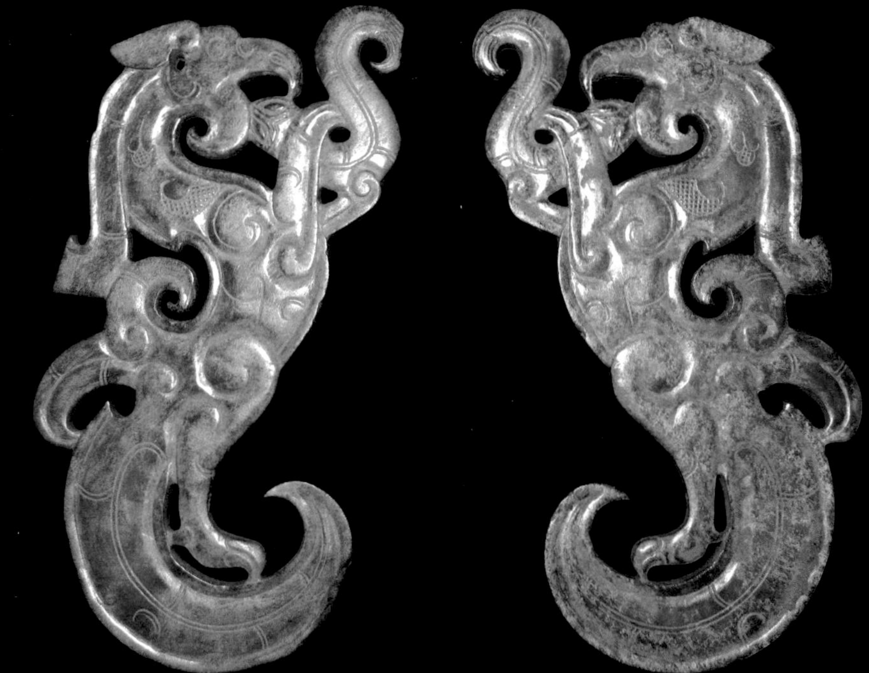

H 10.7 cm

H 16.6 cm

L 18.9 cm

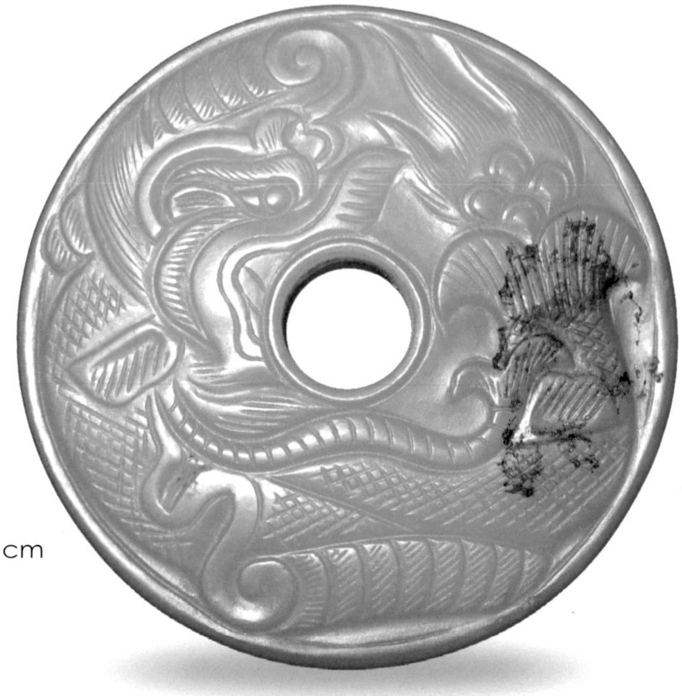

D 5.3 cm

D 7-8 cm

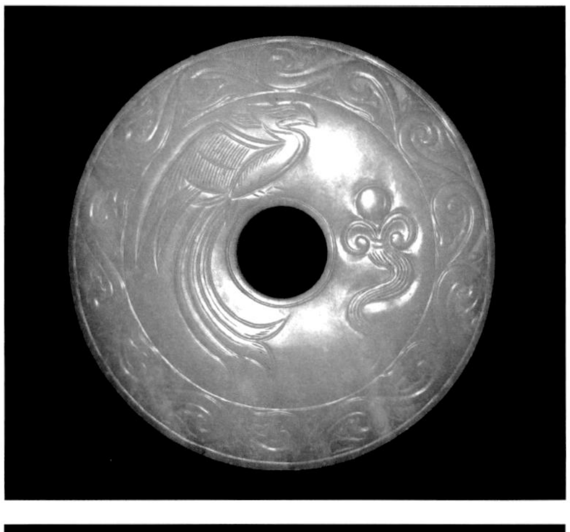

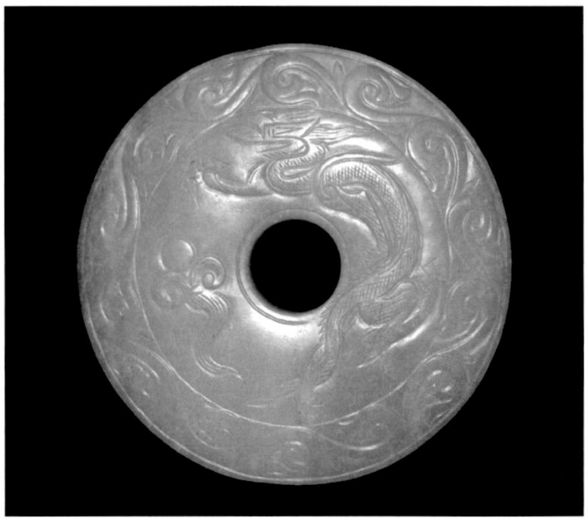

D 8.1 cm

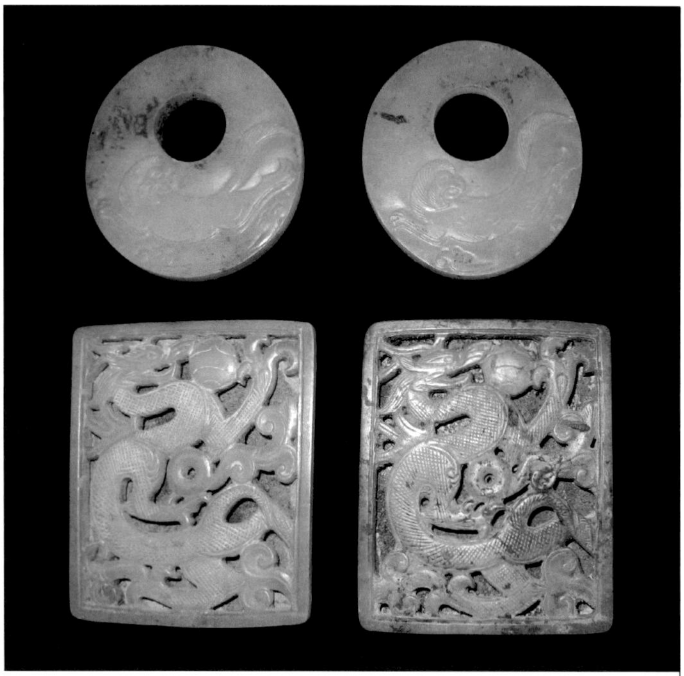

H 5.2 cm

L 13.8 cm

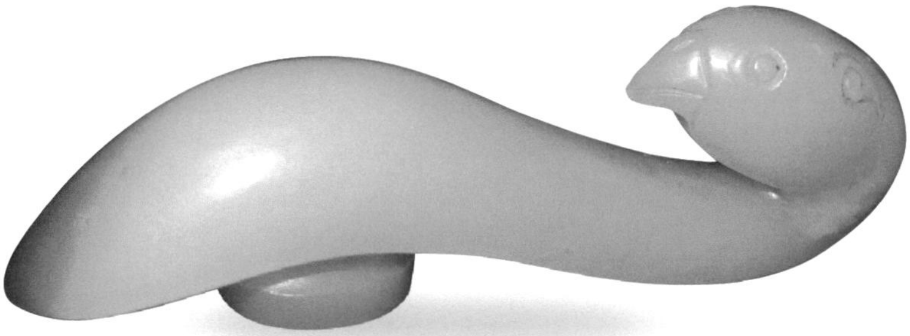

L 7.8 cm

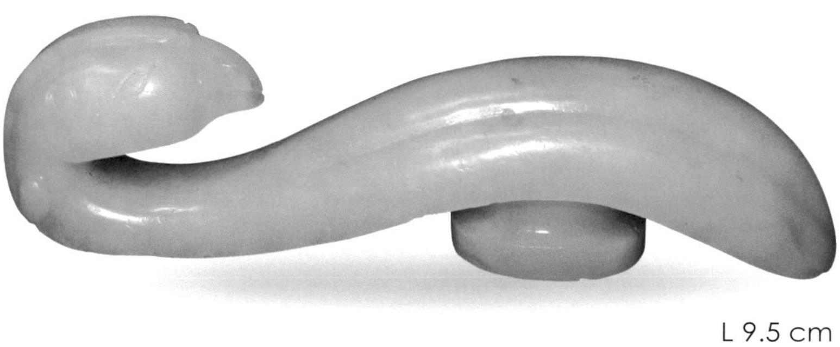

L 9.5 cm

L 9.9 cm

H 6.7 cm

L 5.0 cm

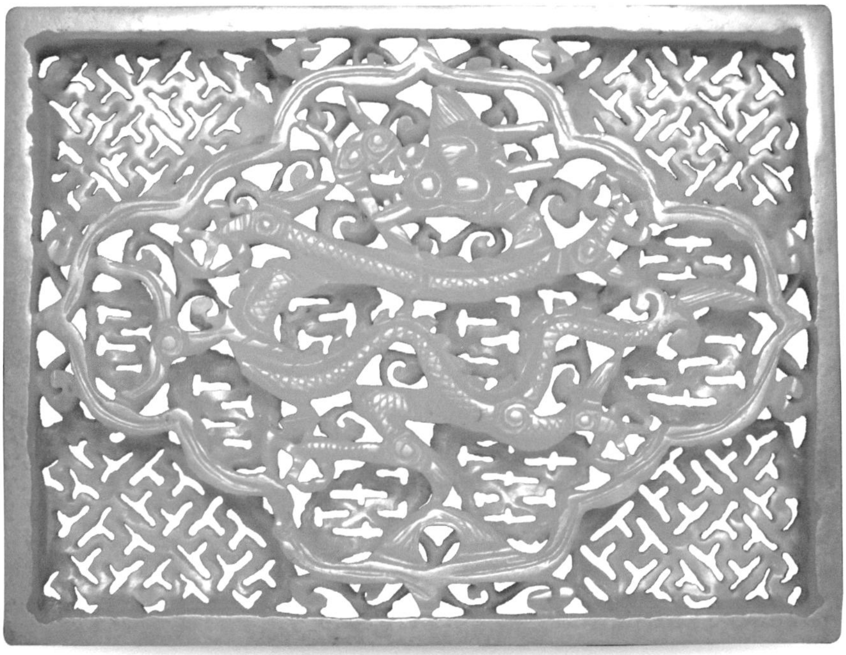

L 6.8 cm

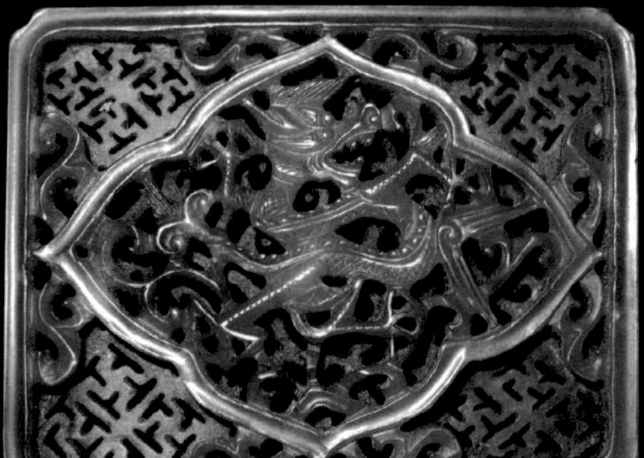

L 7.6 cm

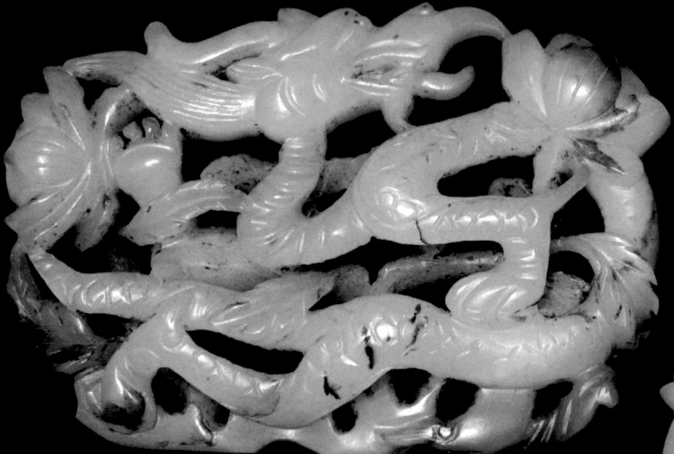

L 6.5 cm

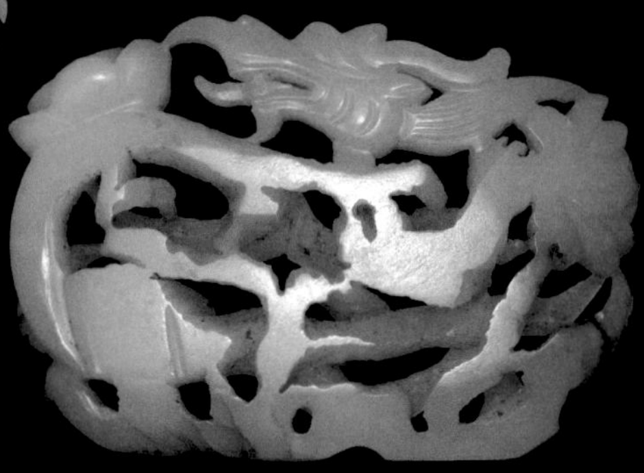

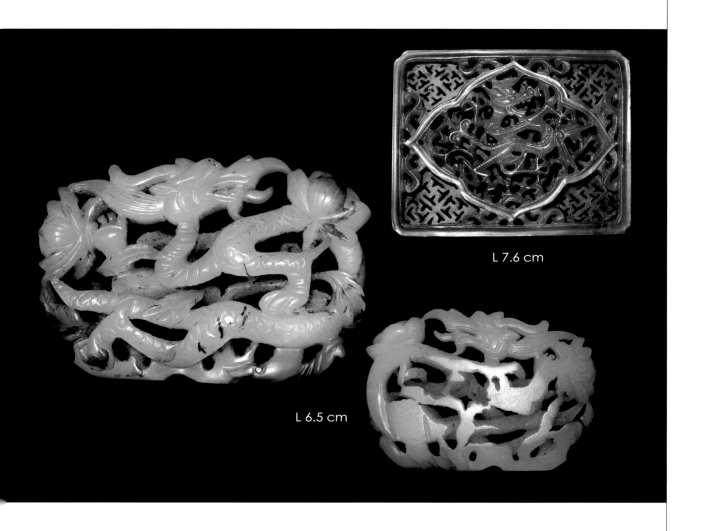

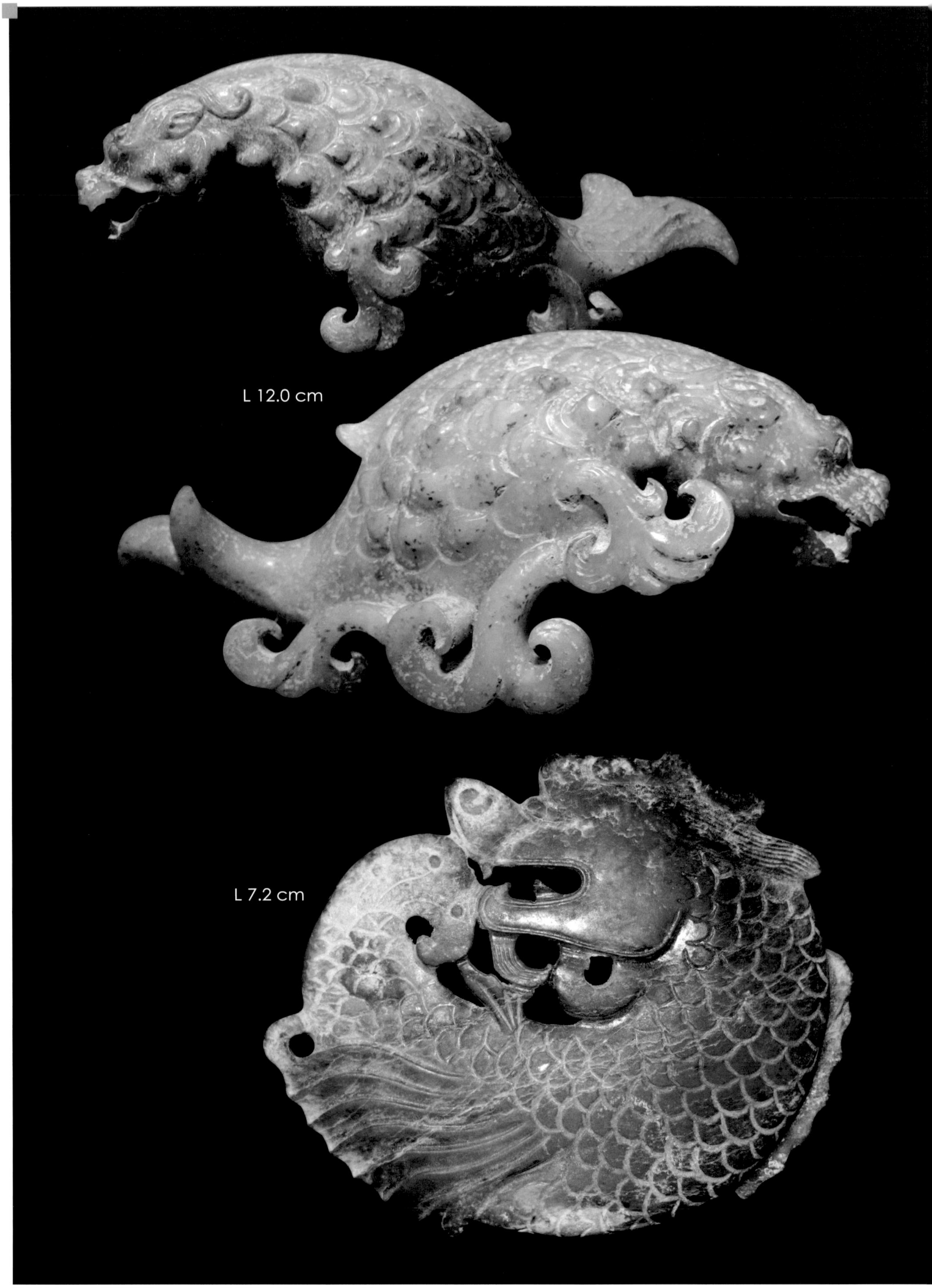
L 12.0 cm
L 7.2 cm

L 3.6 cm

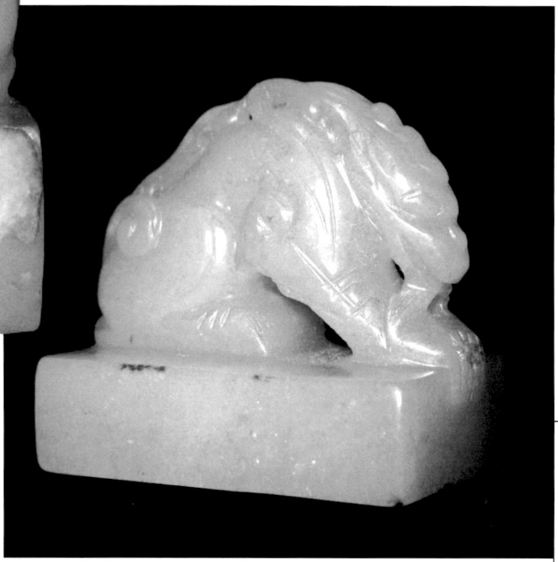

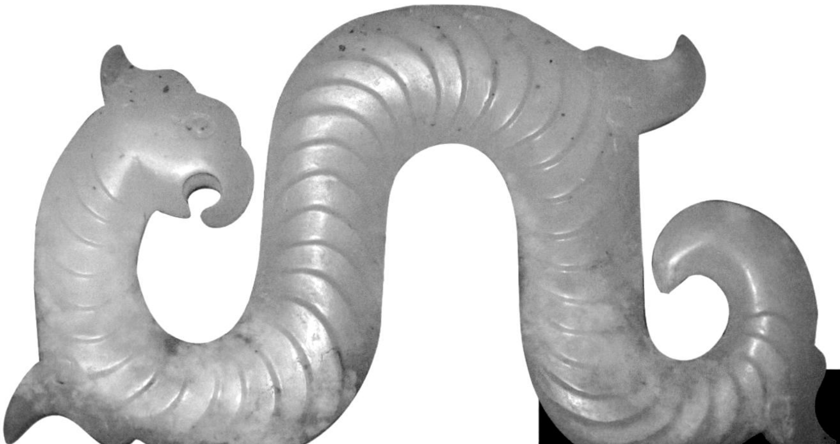

L 8.3 cm

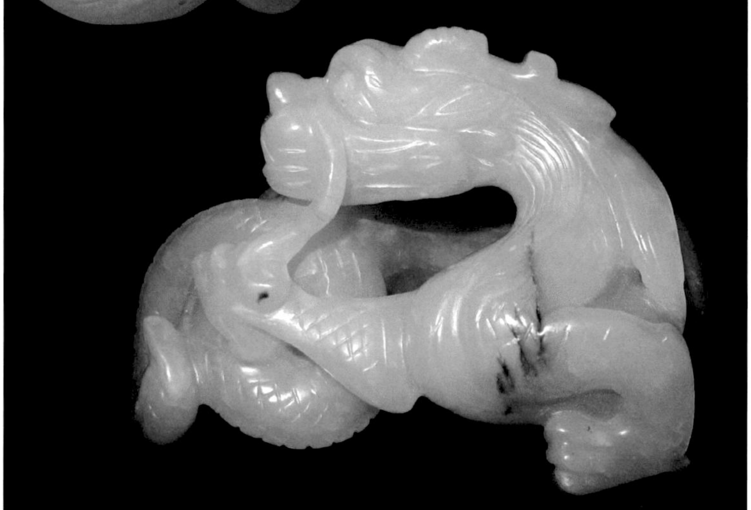

L 5.8 cm

第二篇

龍鳳文化

DRAGON & PHOENIX CULTURE

圖騰崇拜、神靈崇拜、政權象徵；吉祥、喜慶、裝飾題材

龍 吒吒風雲、駕馭自然的神偉形象。

象徵神靈、權威、祥瑞、矯健、太平，變幻莫測，氣象萬千。
鼓舞奮發向上，拼搏進取精神。

鳳 是美麗又神奇的巨鳥，亦名朱雀、玄鳥、鸞鳥。

鳳比龍接近自然形態而更富人性化。人們在崇仰中更感親切和喜愛。
象徵祥瑞降臨，圓滿幸福。
歷代以豐富的想像力和藝術刻劃力，創造性地描繪出各式各樣、
多彩多姿的鳳鳥紋樣，形象瀟脫俊逸。

龍有善水、好飛、通天、幻變、靈異、徵瑞、兆禍、示威等神性。
鳳有善火、向陽、秉德、兆瑞、崇高、尚潔、喻情、示美等神性。

歷代龍鳳形式及紋樣，富有鮮明的時代氣息，
傳承民族傳統的審美情趣。
外形～千姿百態、光彩繽紛、美麗華貴
本質～秉德兆瑞、崇尚高潔、吉祥喜慶

蛟龍飛舞　鸞鳳吉祥
龍躍鳳鳴　龍章鳳姿

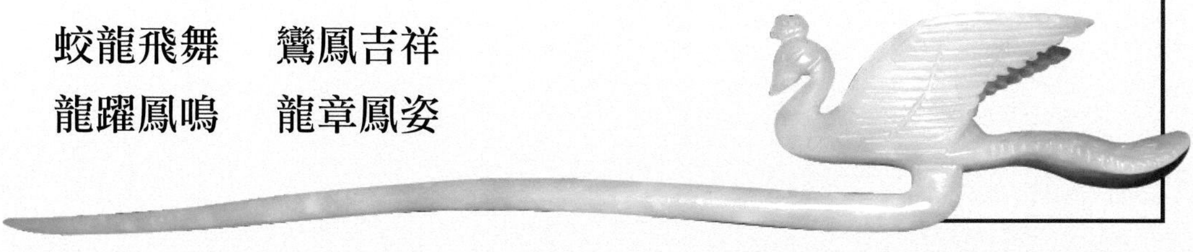

年表
CHRONOLOGY

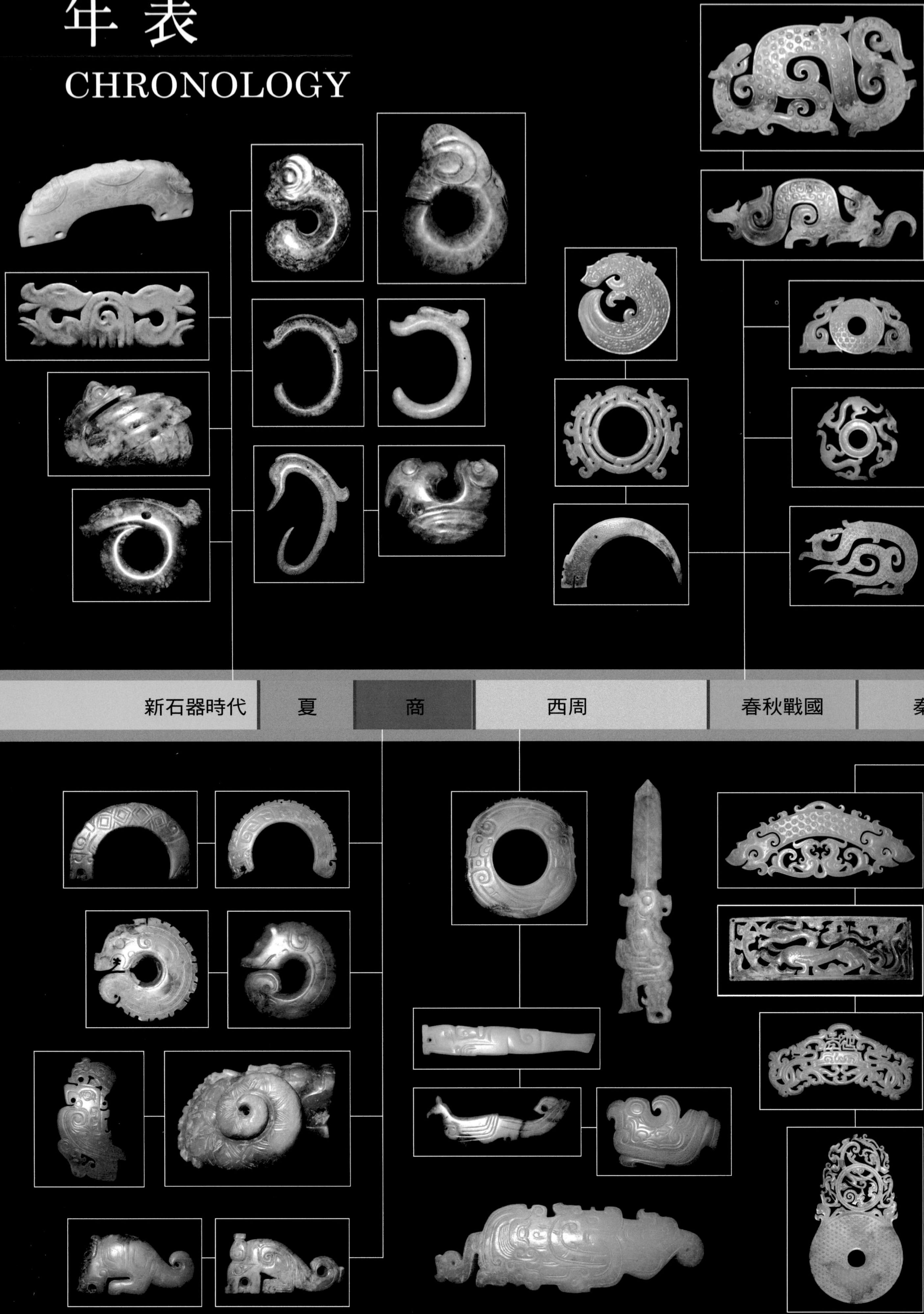

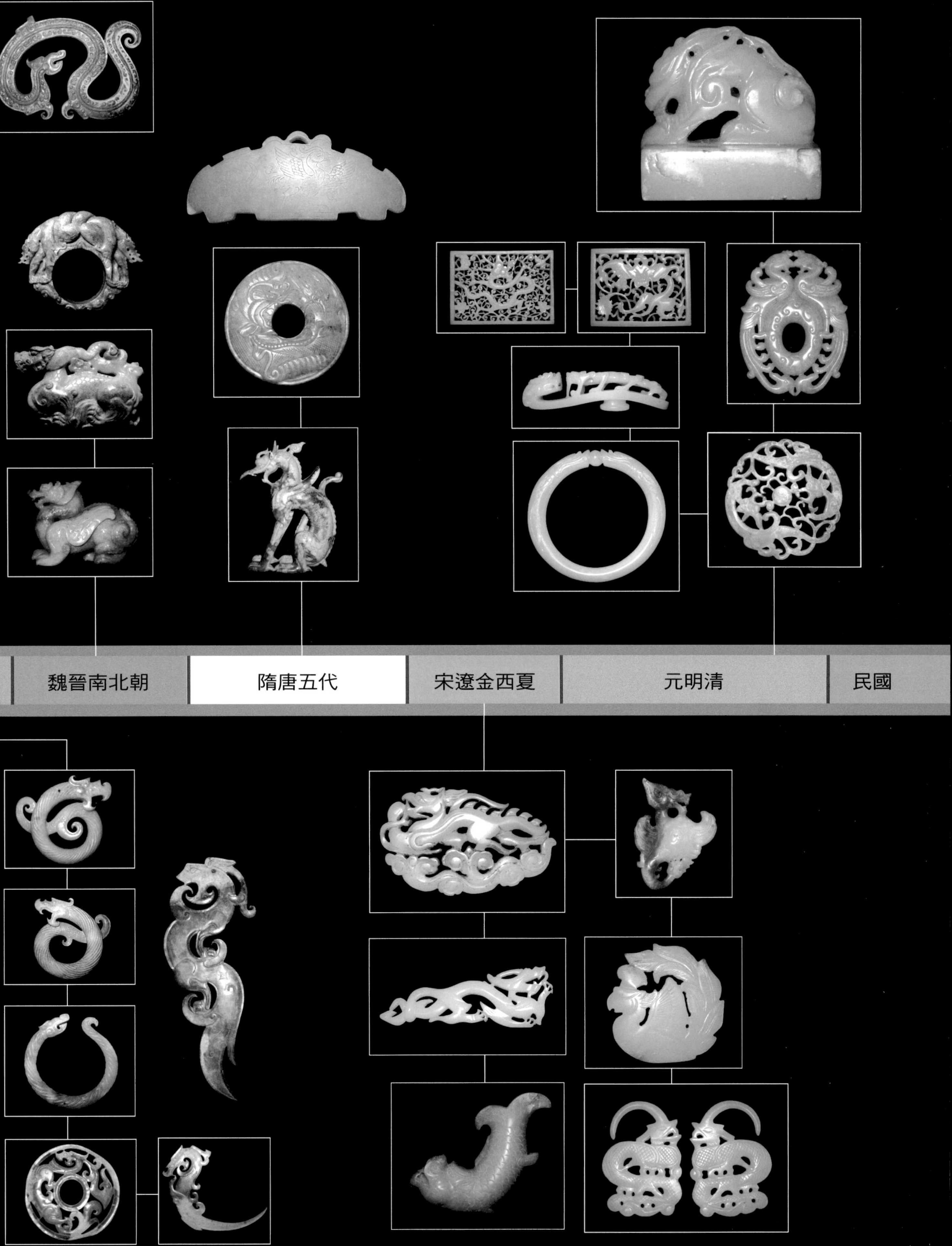
魏晉南北朝
隋唐五代
宋遼金西夏
元明清
民國

H 14.3 cm

H 5.6 cm

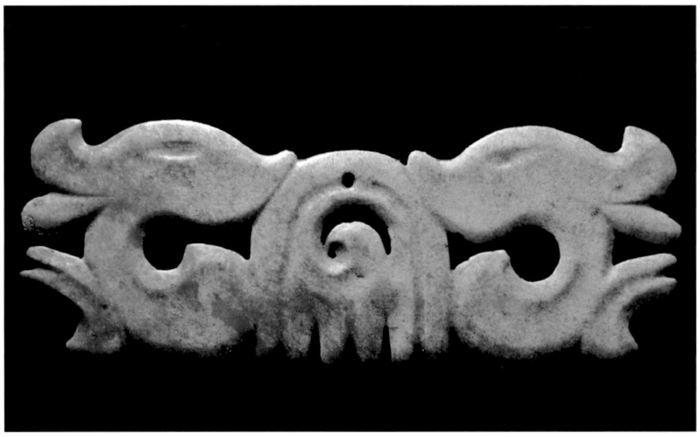

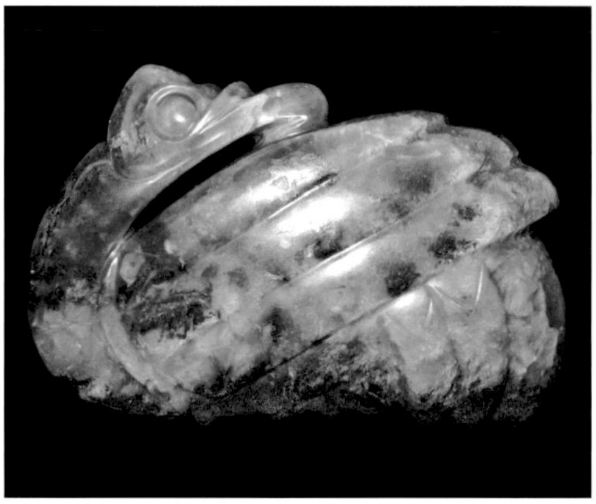

L 10.7 cm

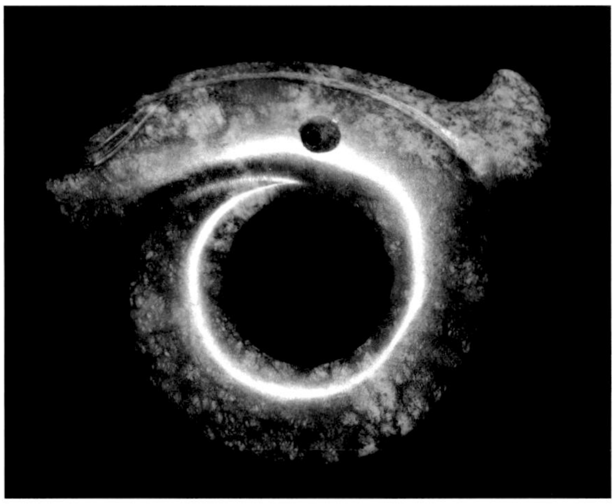

L 7.1 cm

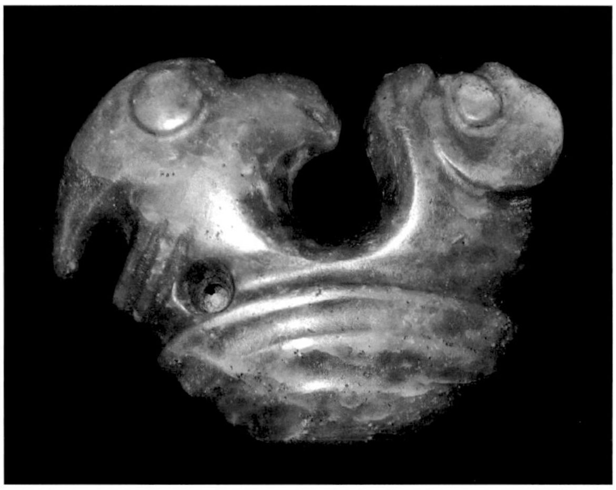

L 6.0 cm

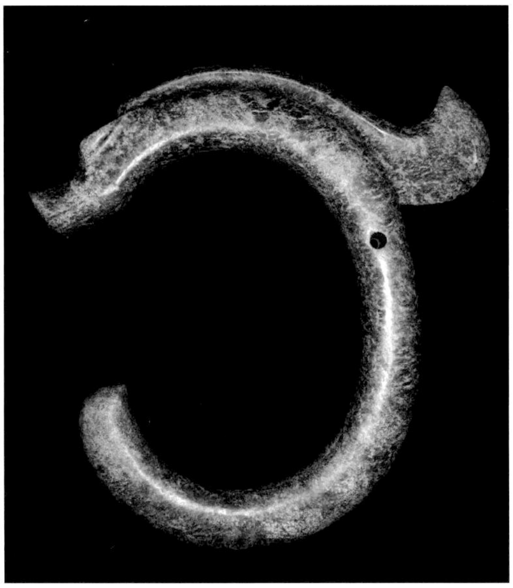

L 28.9 cm

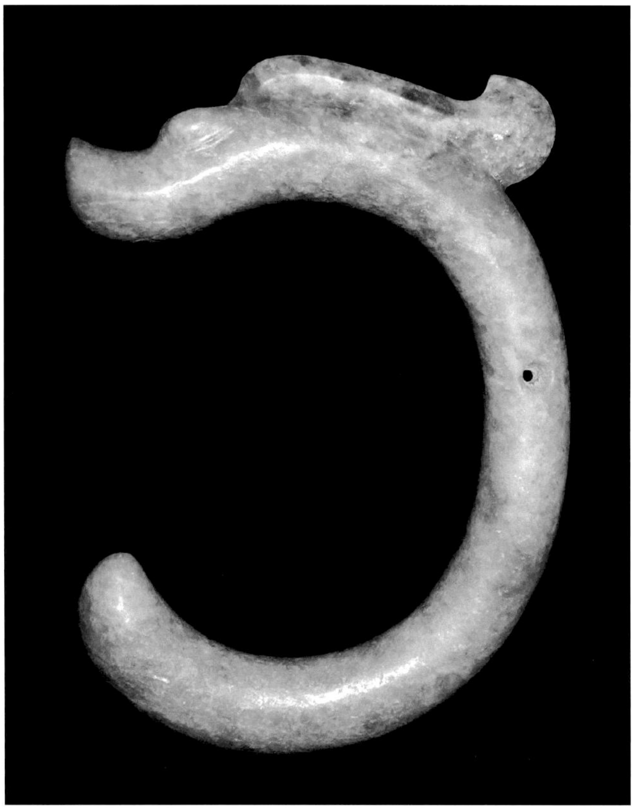

L 18.5 cm

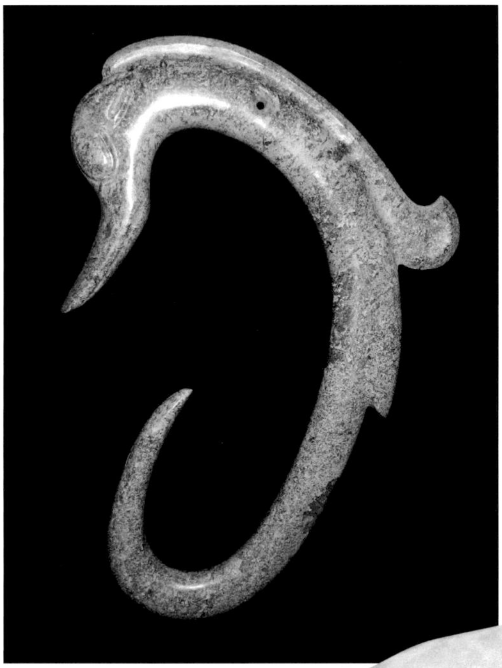

L 32.1 cm

L 8.8 cm

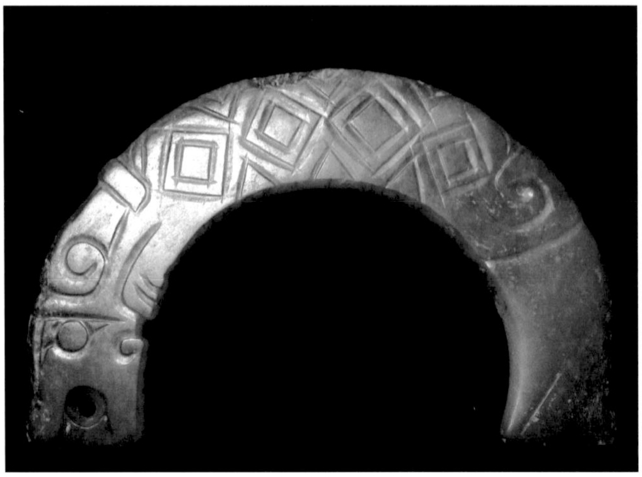

L 9.3 cm

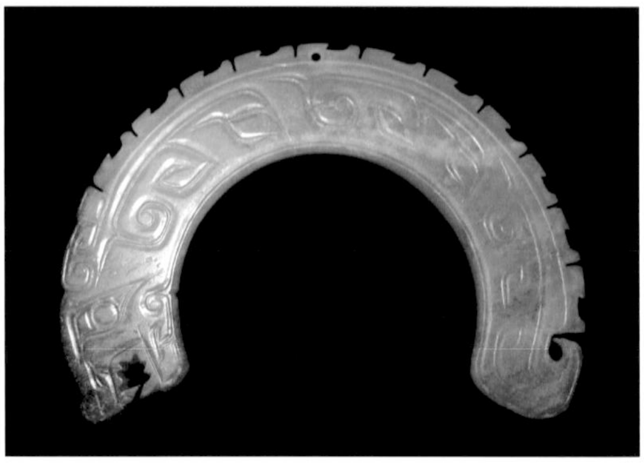

L 11.2 cm

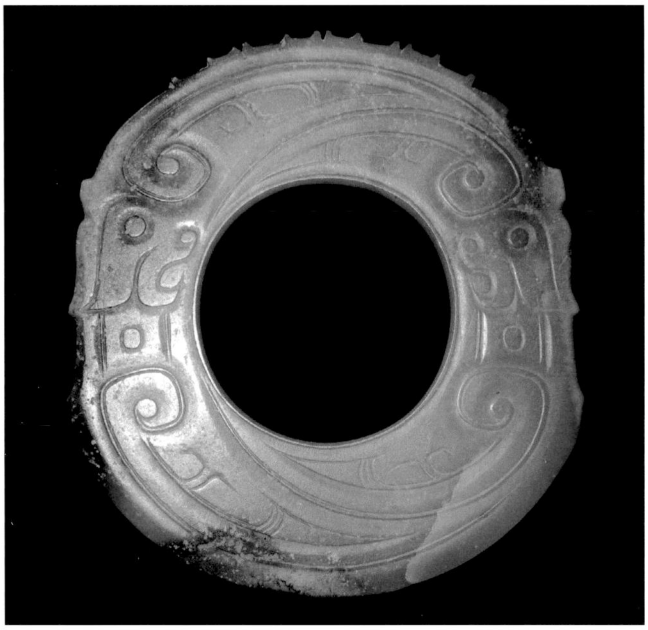

H 9.6 cm

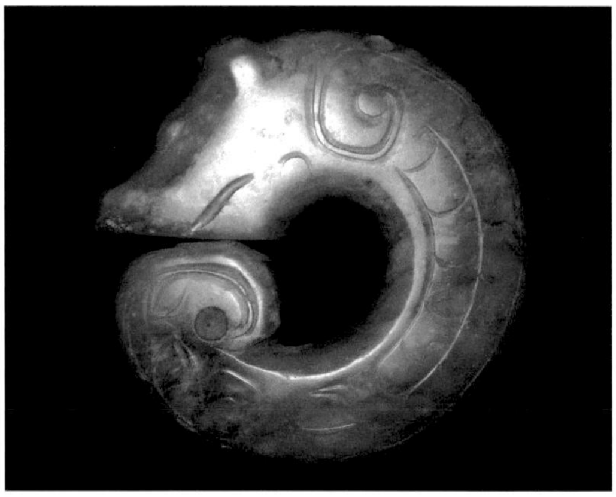

H 6.2 cm

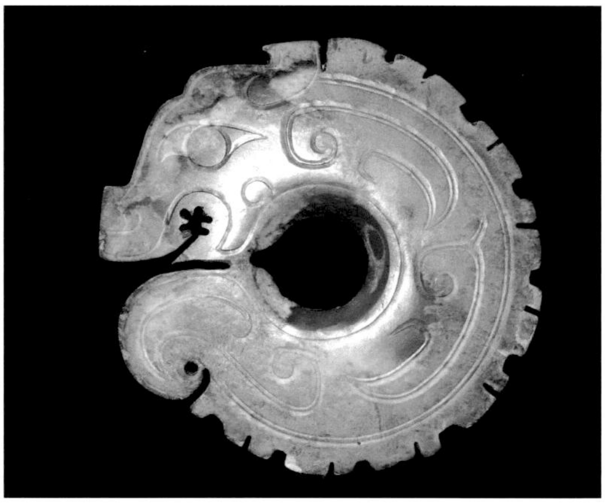

H 6.2 cm

L 14.2 cm

L 8.8 cm

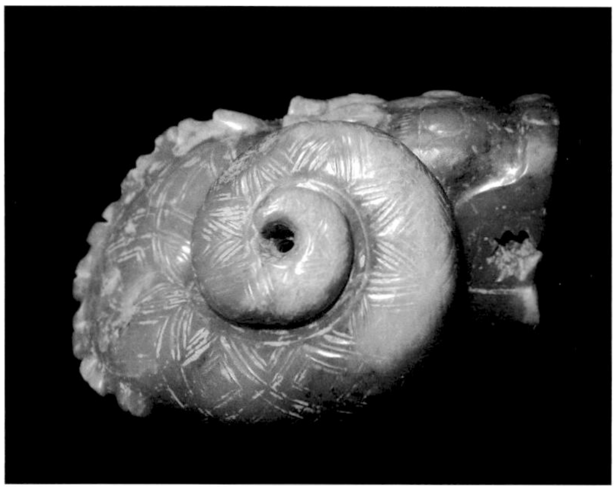

L 8.8 cm

L 9.5 cm

H 9.7 cm

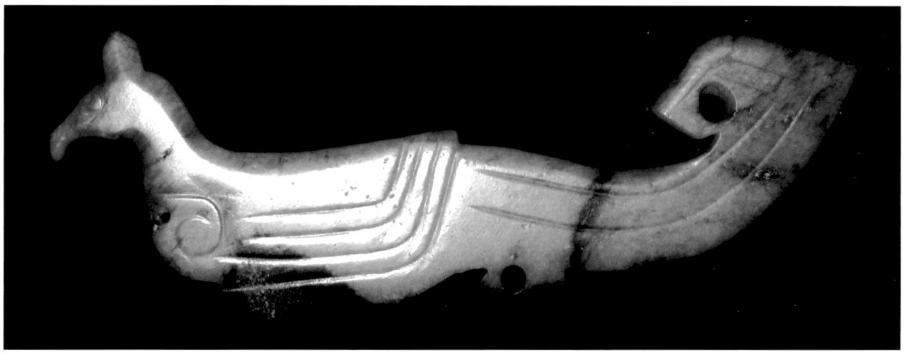

L 9.4 cm

L 10.1 cm

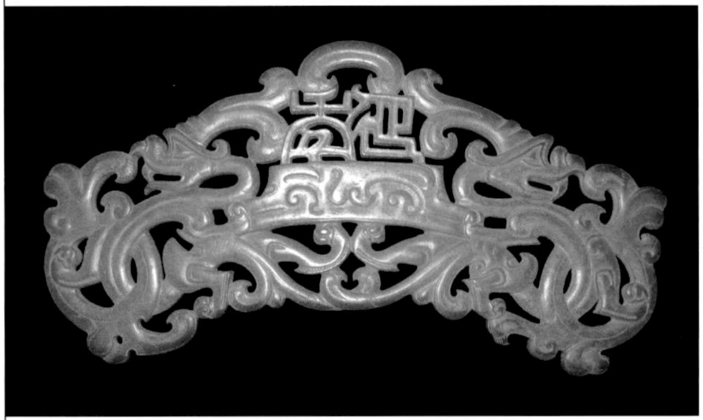

L 14.1 cm

L 10.4 cm

L 12.4 cm

L 17.3 cm

L 22.3 cm

L 10.3 cm

L 13.7 cm

L 15.7 cm

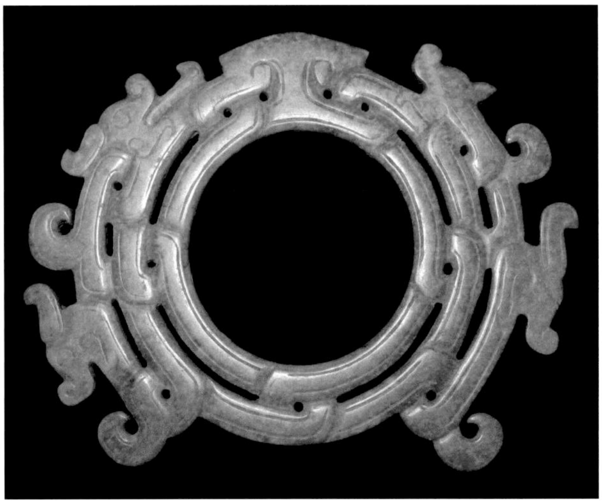

L 11.7 cm

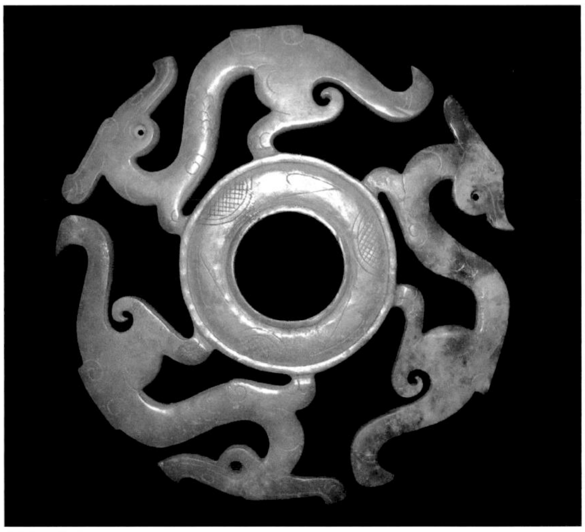

L 8.6 cm

L 21.6 cm

L 12.3 cm

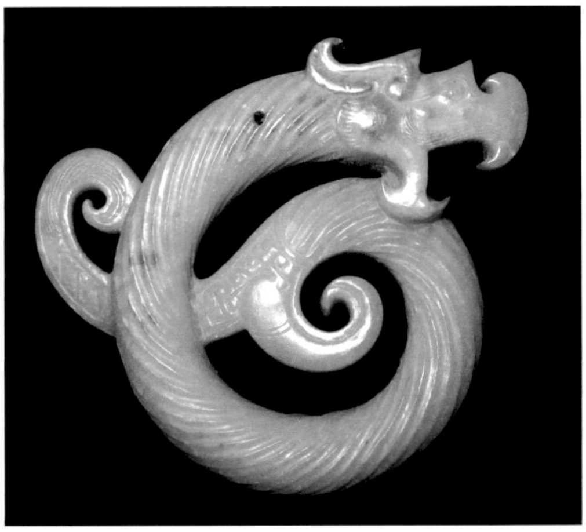

L 6.4 cm

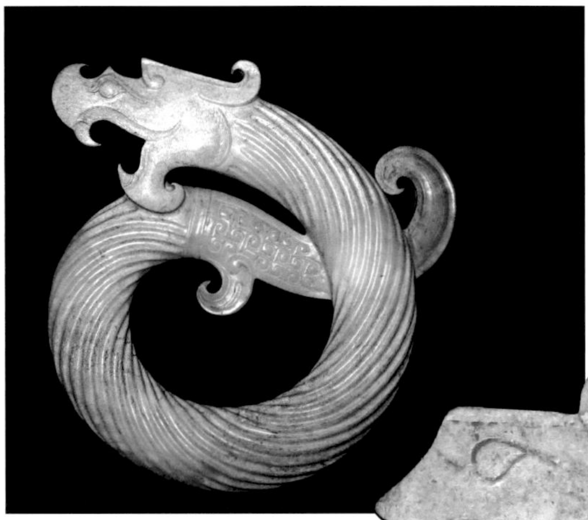

L 11.6 cm

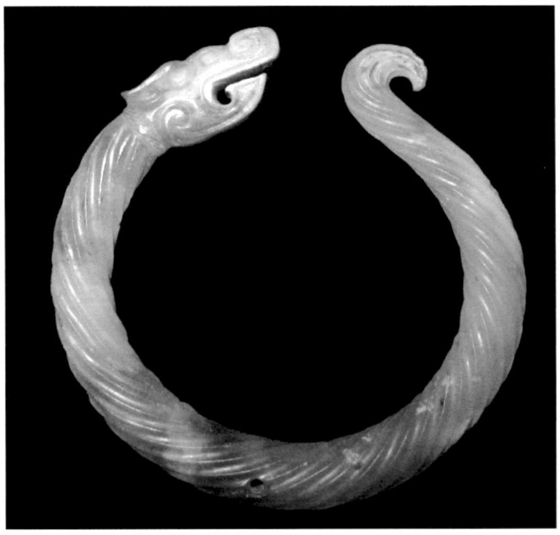

L 5.8 cm

L 9.3 cm

L 13.4 cm

H 16.1 cm

H 17.6 cm

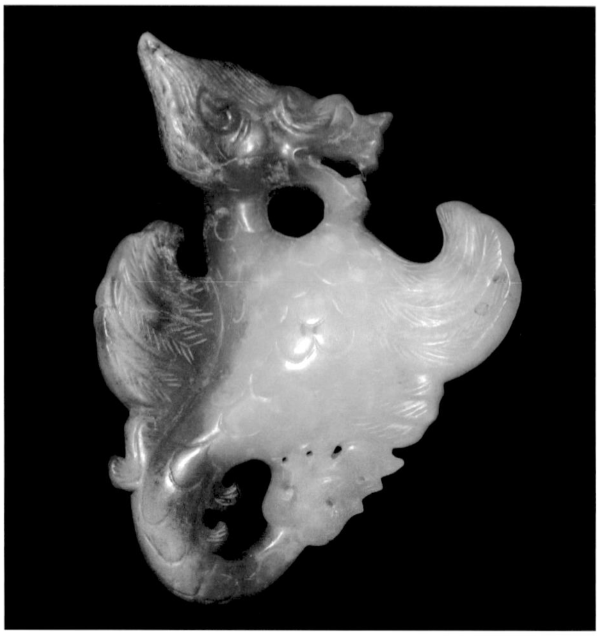
H 6.6 cm

L 3.6 cm

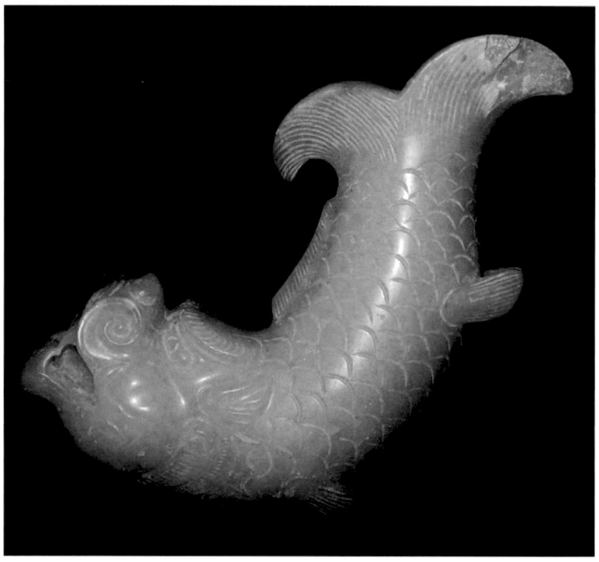
L 10.9 cm

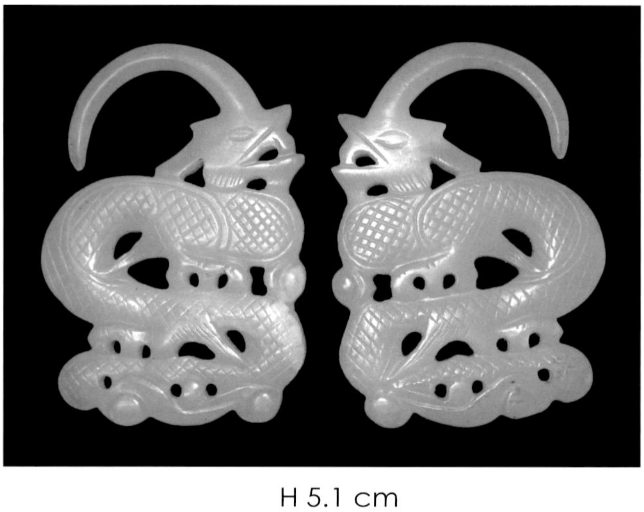
H 5.1 cm

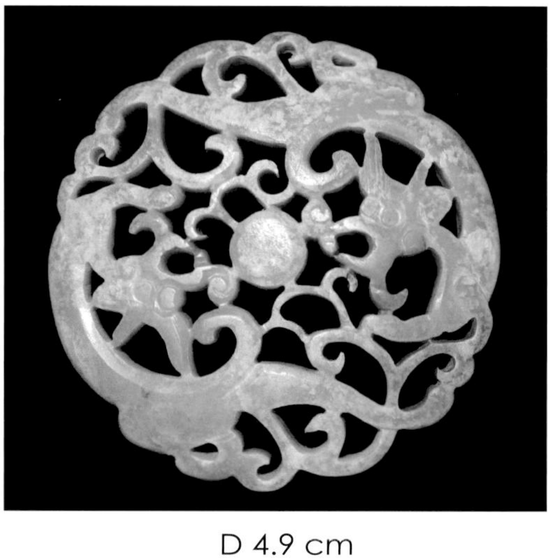
D 4.9 cm

L 13.8 cm

L 7.3 cm

H 6.7 cm

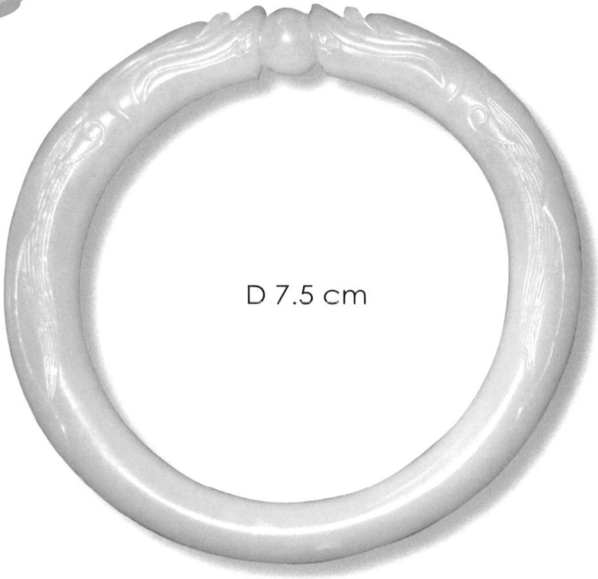

D 7.5 cm

L 7.9 cm

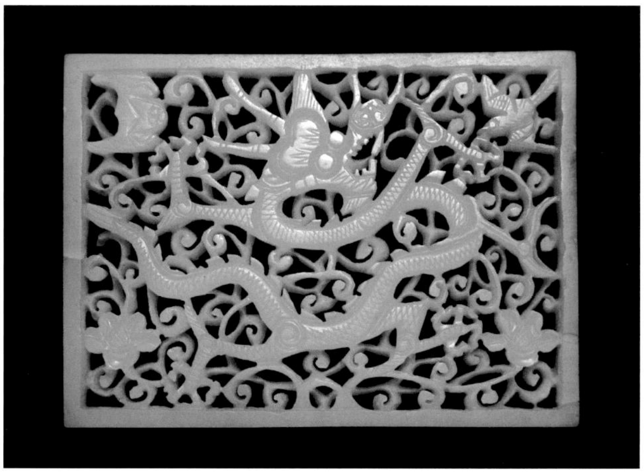

L 7.0 cm

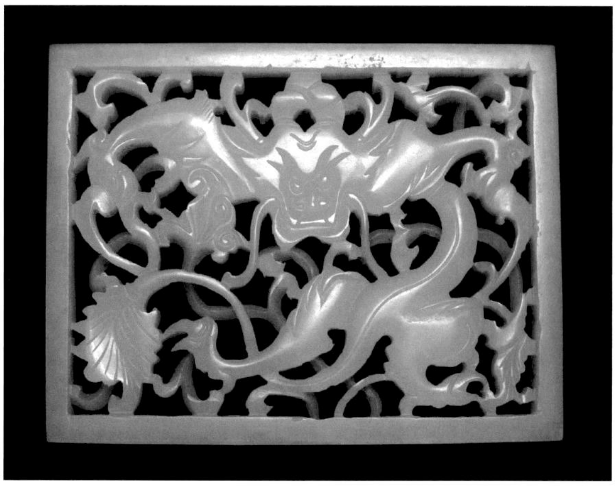

L 7.3 cm

第三篇

龍騰鳳舞－審美賞析

APPRECIATION OF CHINESE ARCHAIC JADE

質地色彩美—溫潤光瑩、色澤潤麗，

表徵品性高雅、高尚純潔。

形制紋飾美—制度體系、雕琢技法、藝術形式。

內涵象徵美—題材意義、思想觀念、

美學風格、精神內涵。

玉的審美內涵在於體現：

生命的意義和力量；世俗的抽象思維和

審美情趣；理想的高尚和優美。

玉器深度契合中國人淳樸、含蓄、溫婉的

精神特質。

面對美的藝術，體會歷史內涵，感悟精神品味，

令人產生心靈共鳴，引起無窮遐思與享受。

體會藝術風格的發生、滋長、開拓、演變，

細察造型、裝飾、雕刻的規律。

鑑識時代氣韻和精神風貌，探索每件玉器的

歷史價值、藝術價值。

鑑賞能力的培養，應以審美與知識為起點，

透過知性的學習，敏銳洞察和感受，累積人文和藝術涵養。

L 6.0 cm

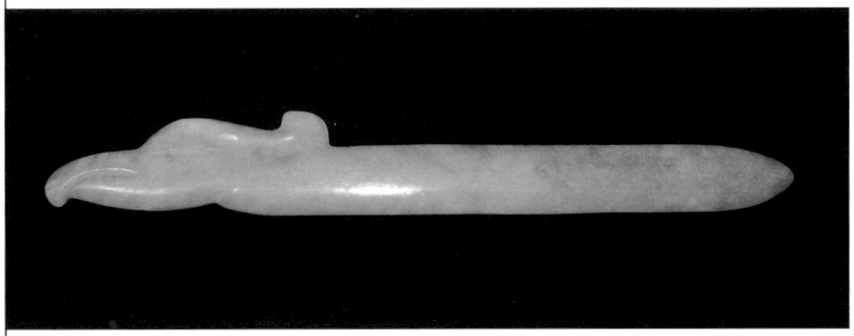

L 18.7 cm

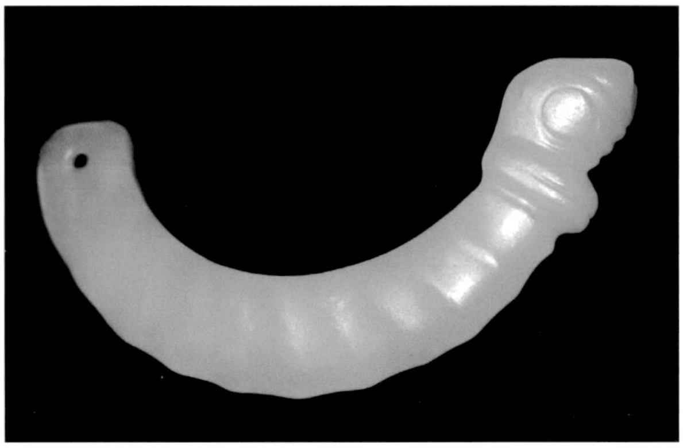

L 5.1 cm

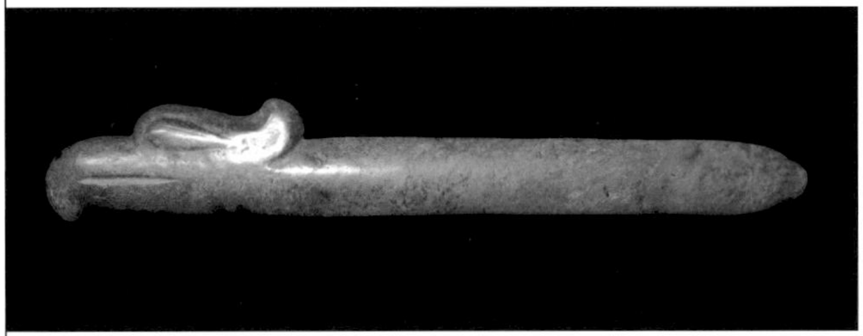

L 17.9 cm

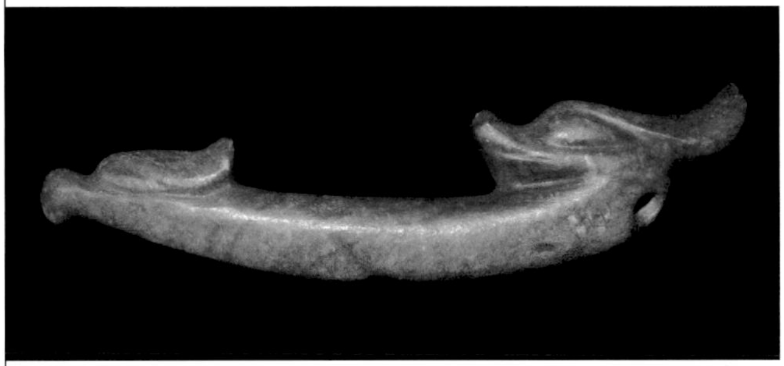

L 8.9 cm

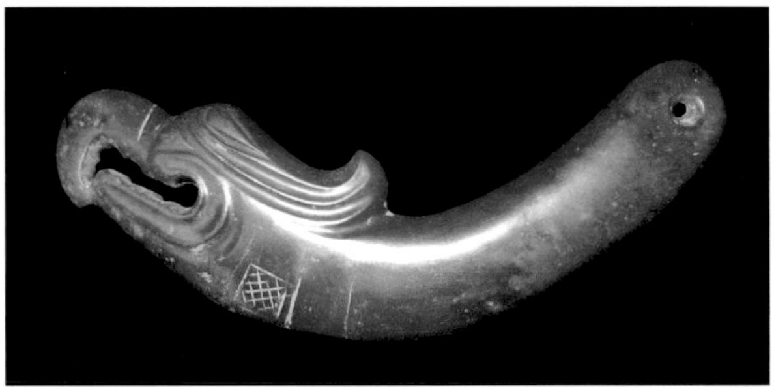

L 9.3 cm

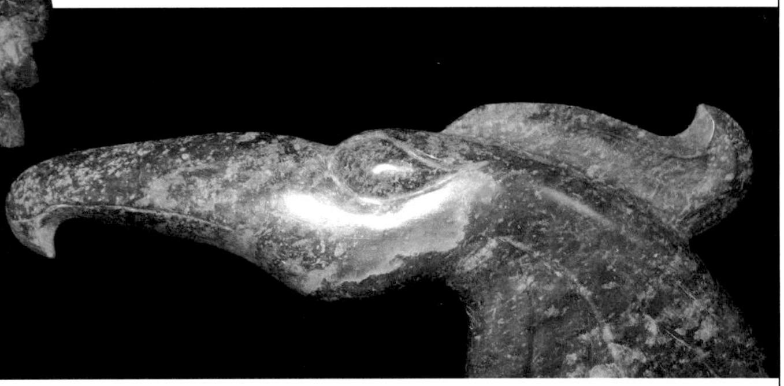

L 33.1 cm

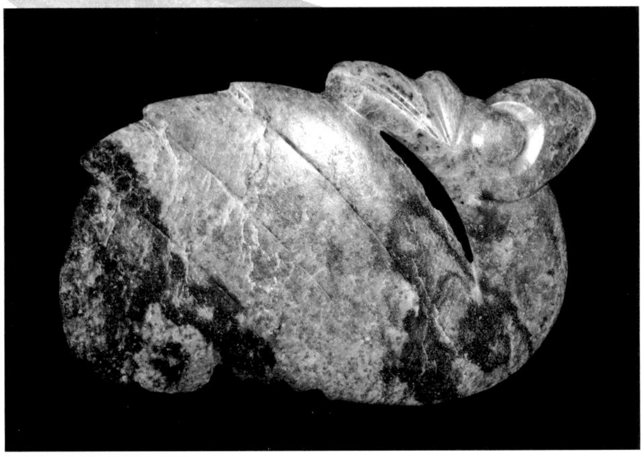

L 21.3 cm

L 21.6 cm

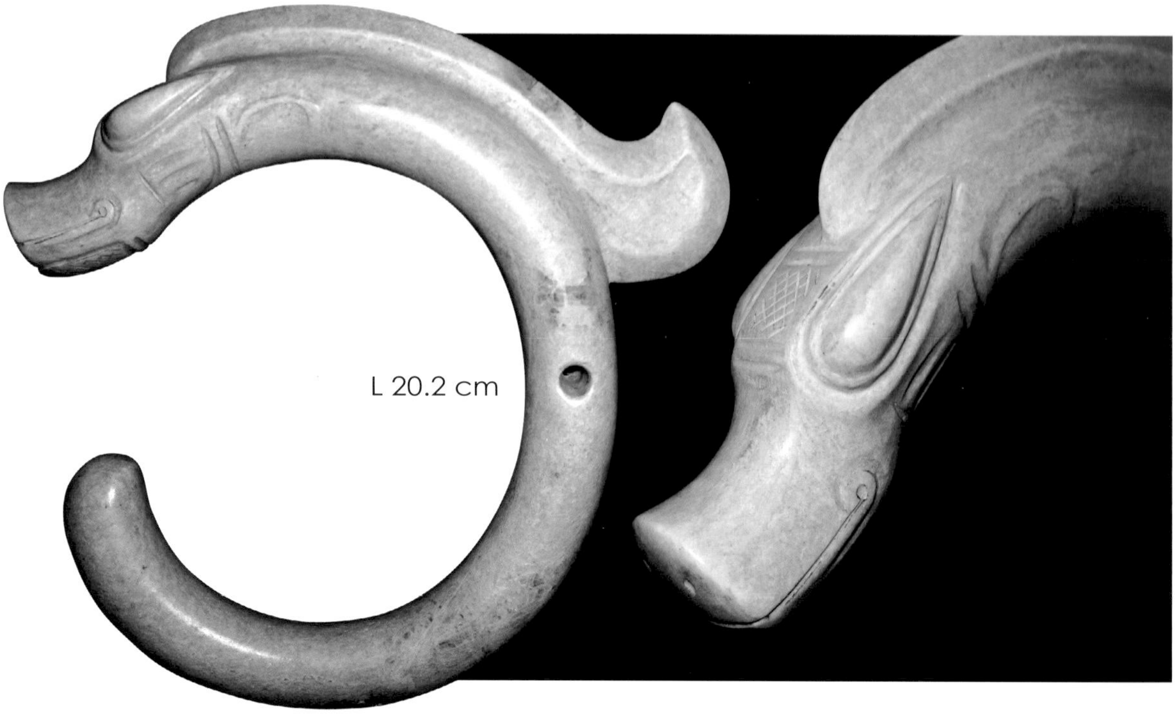

L 20.2 cm

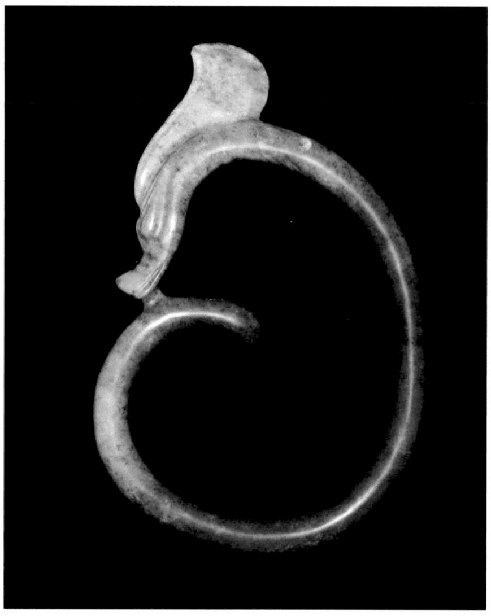

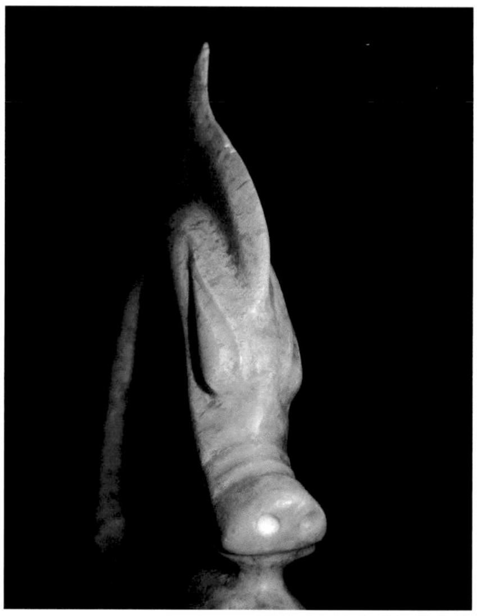

L 26.1 cm

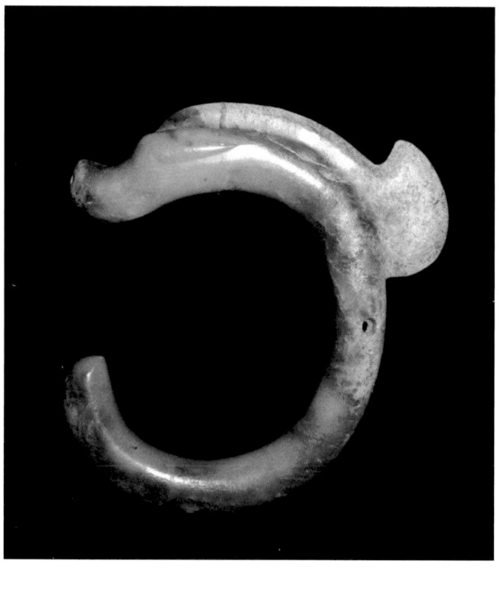

L 11.2 cm

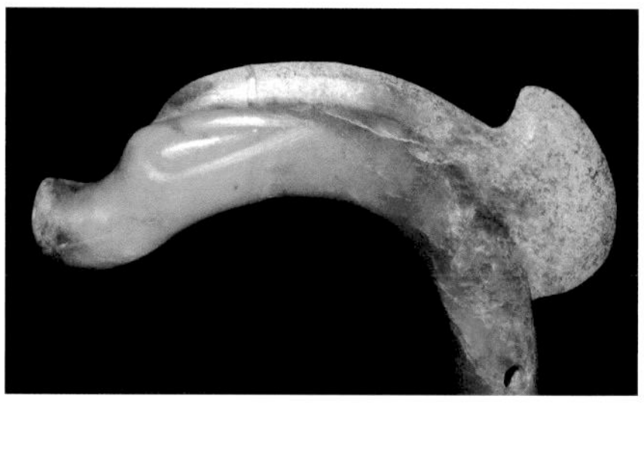

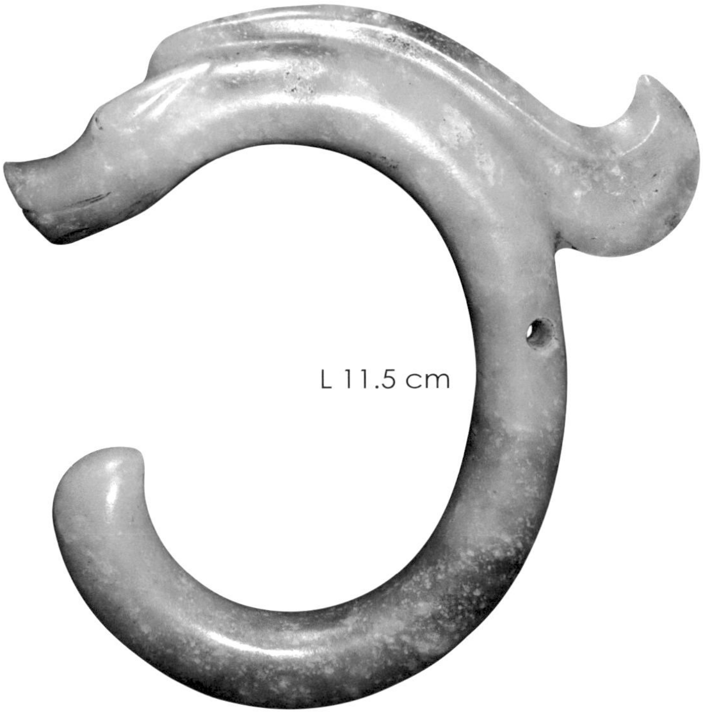
L 11.5 cm

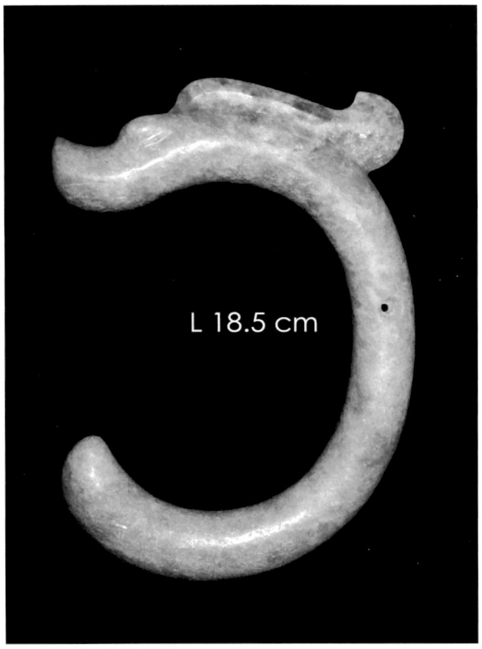
L 18.5 cm

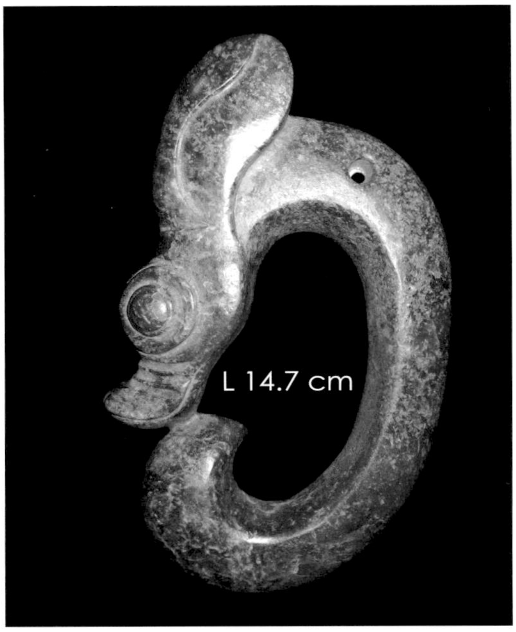
L 14.7 cm

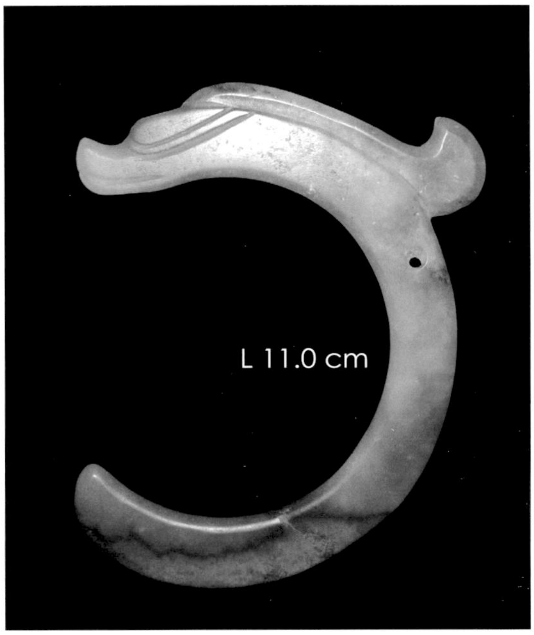
L 11.0 cm

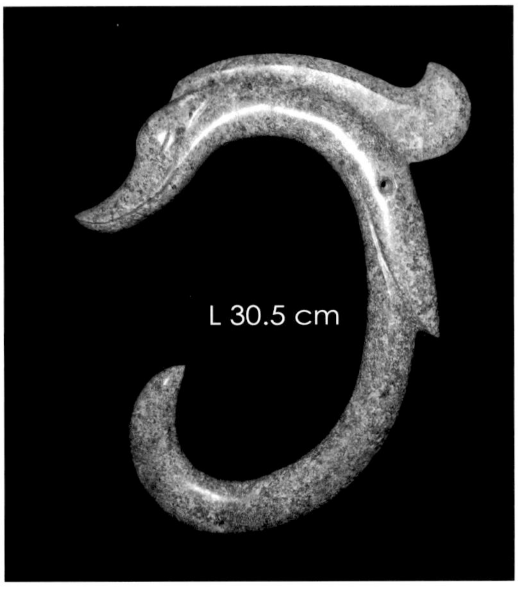
L 30.5 cm

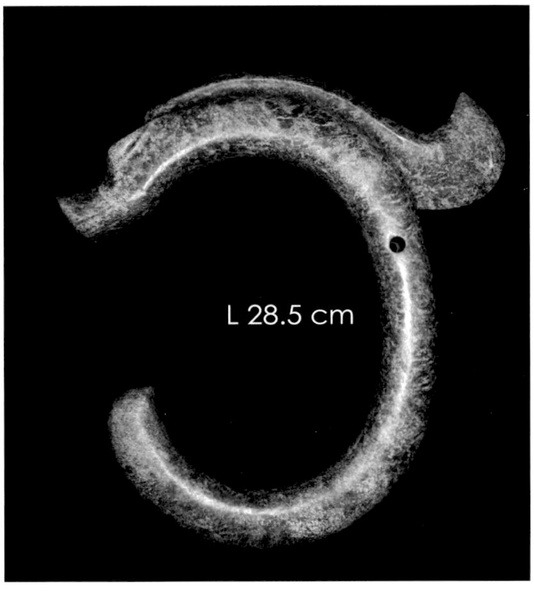
L 28.5 cm

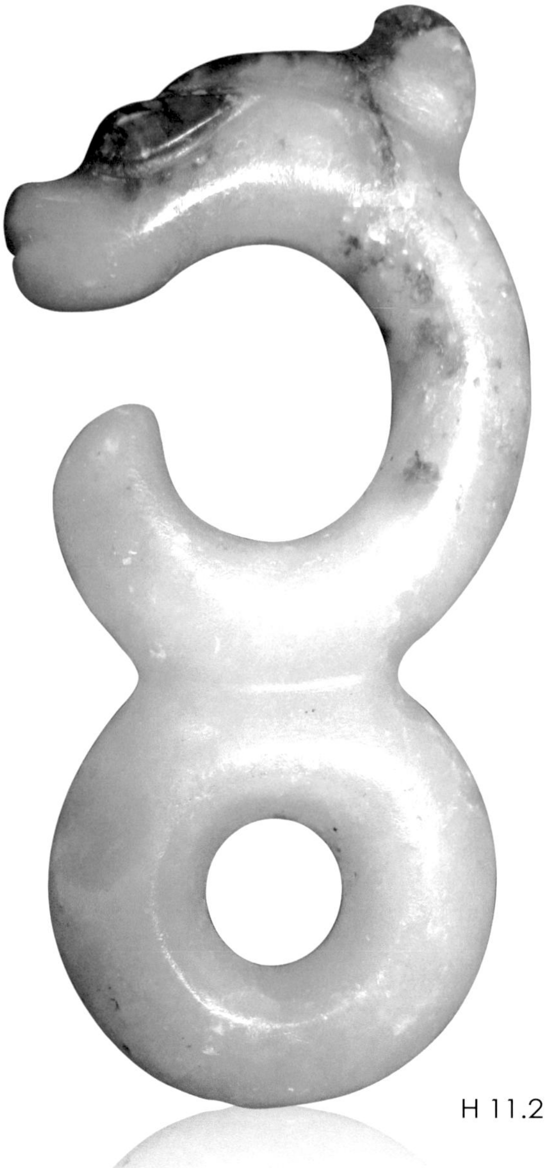

H 6.2 cm

H 11.2 cm

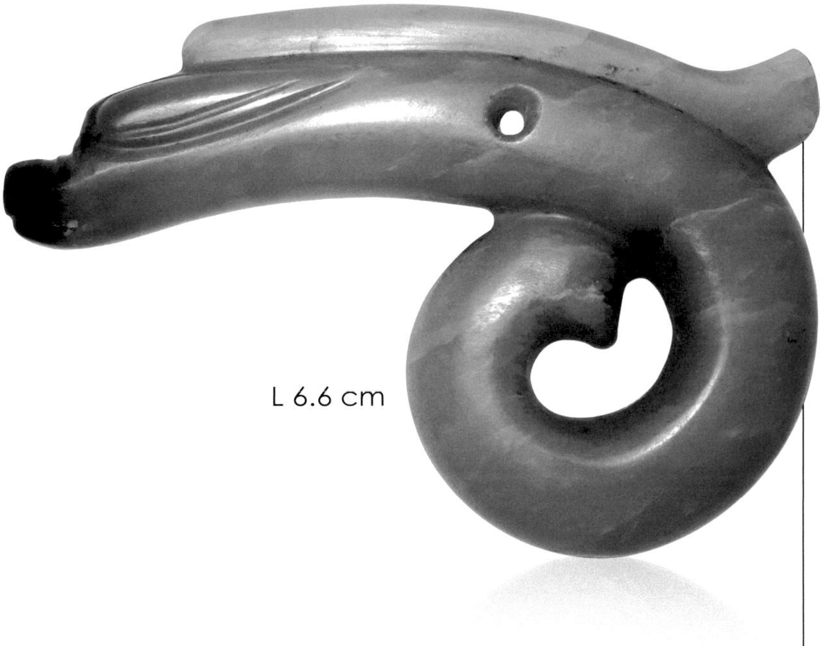

L 6.6 cm

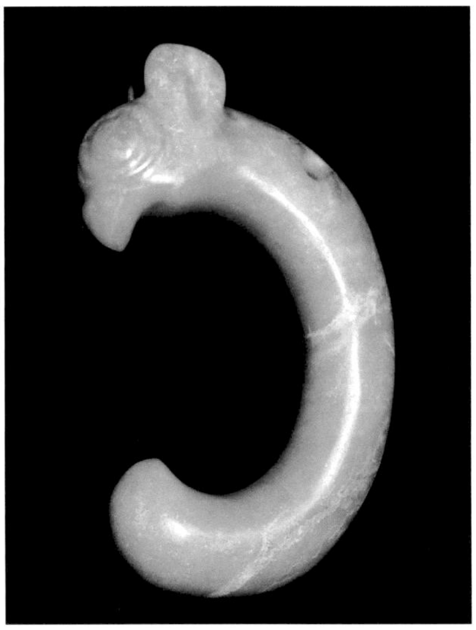

H 12.4 cm

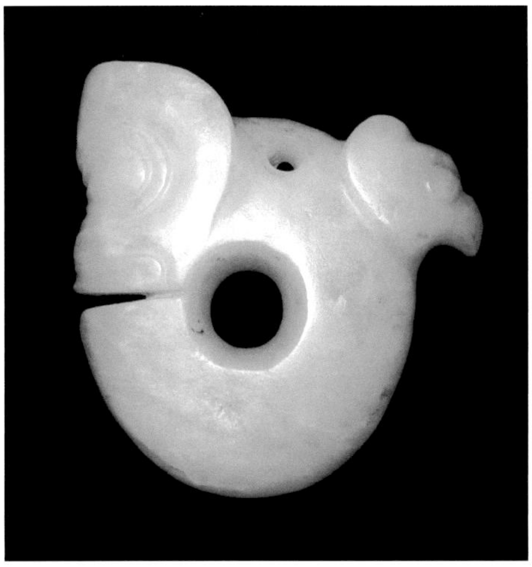

H 9.4 cm

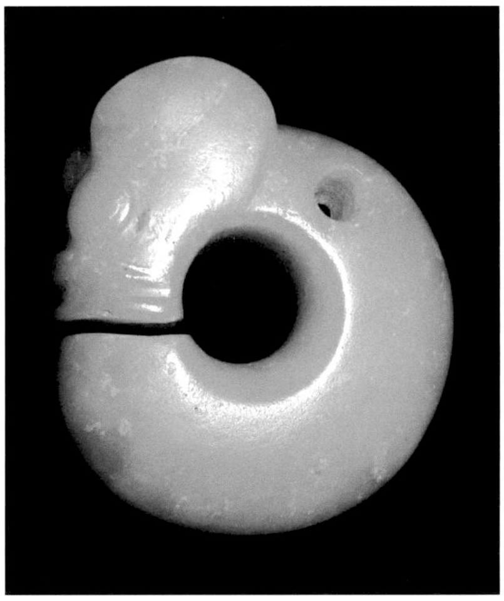

H 5.1 cm

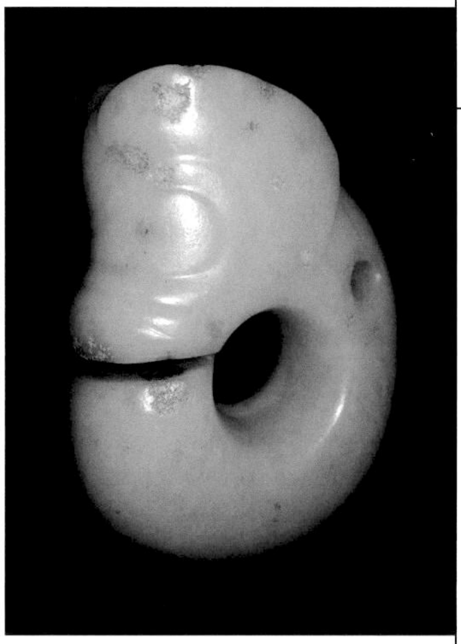

H 11.7 cm

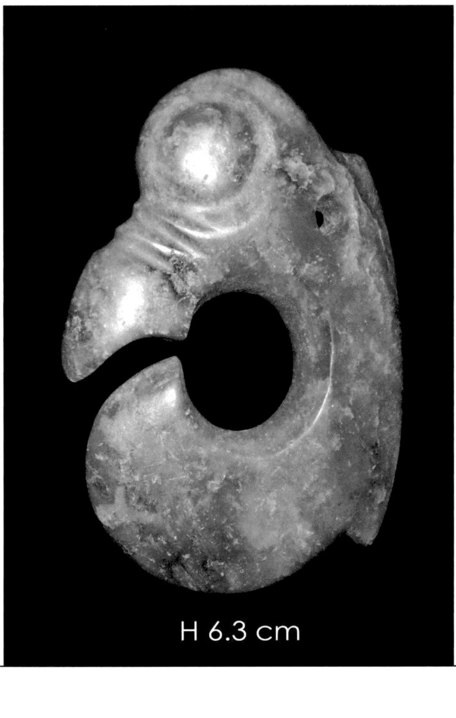

H 6.3 cm

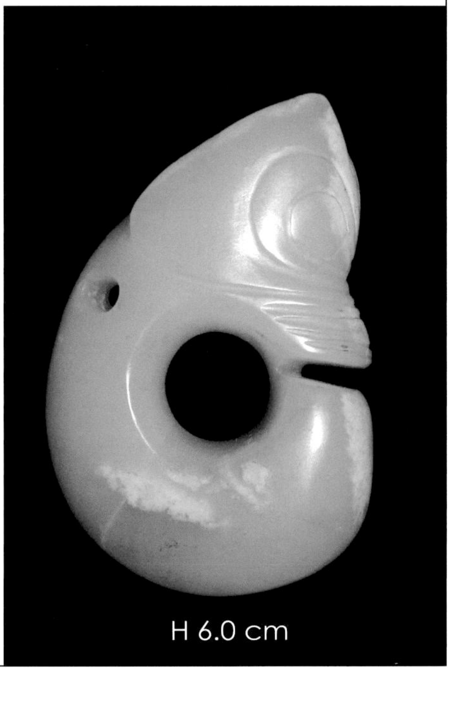

H 6.0 cm

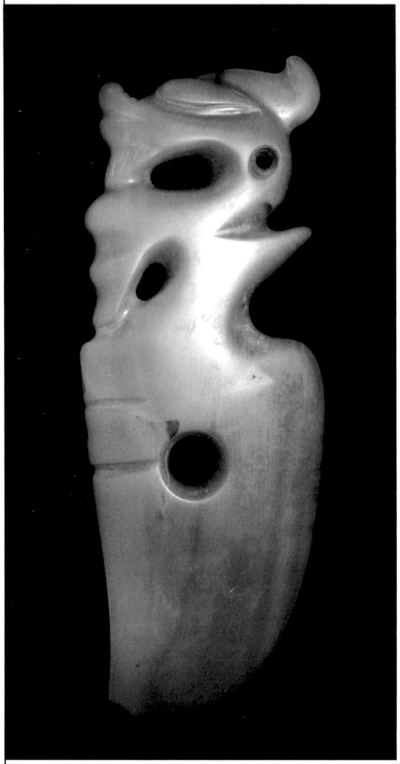

H 14.0 cm

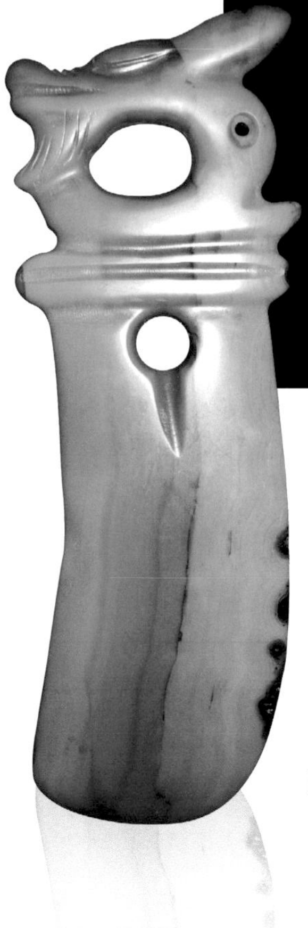

H 15.5 cm

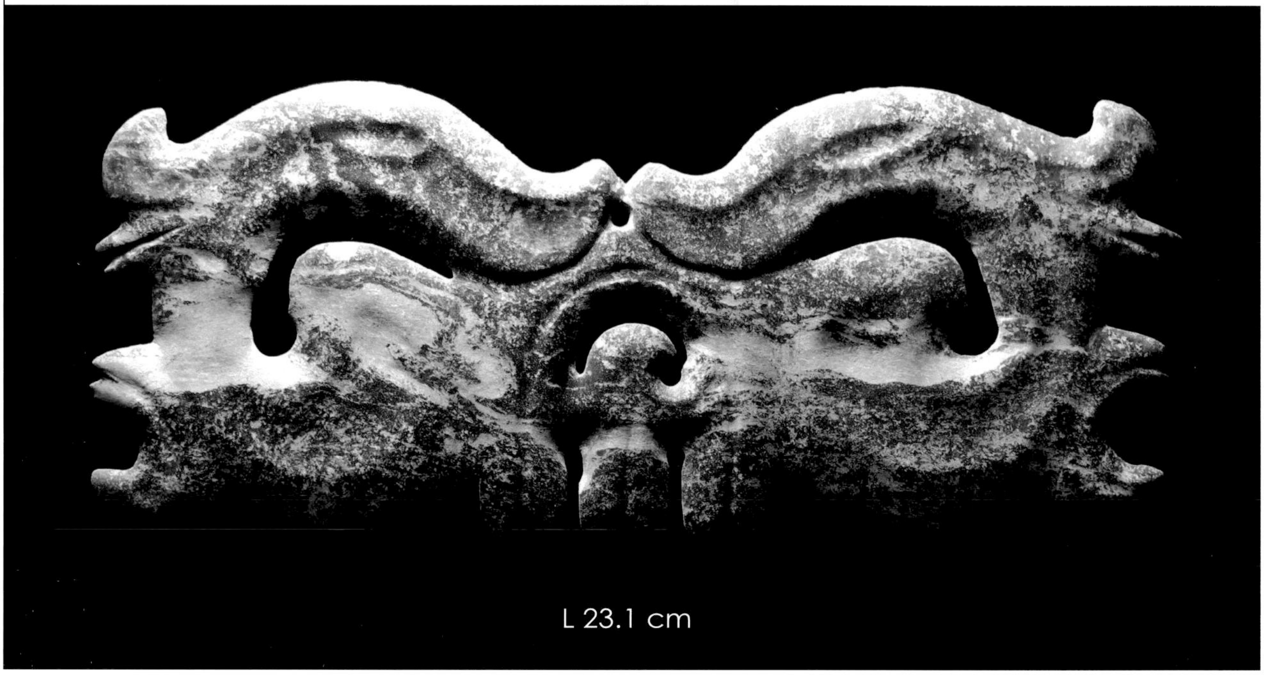

L 23.1 cm

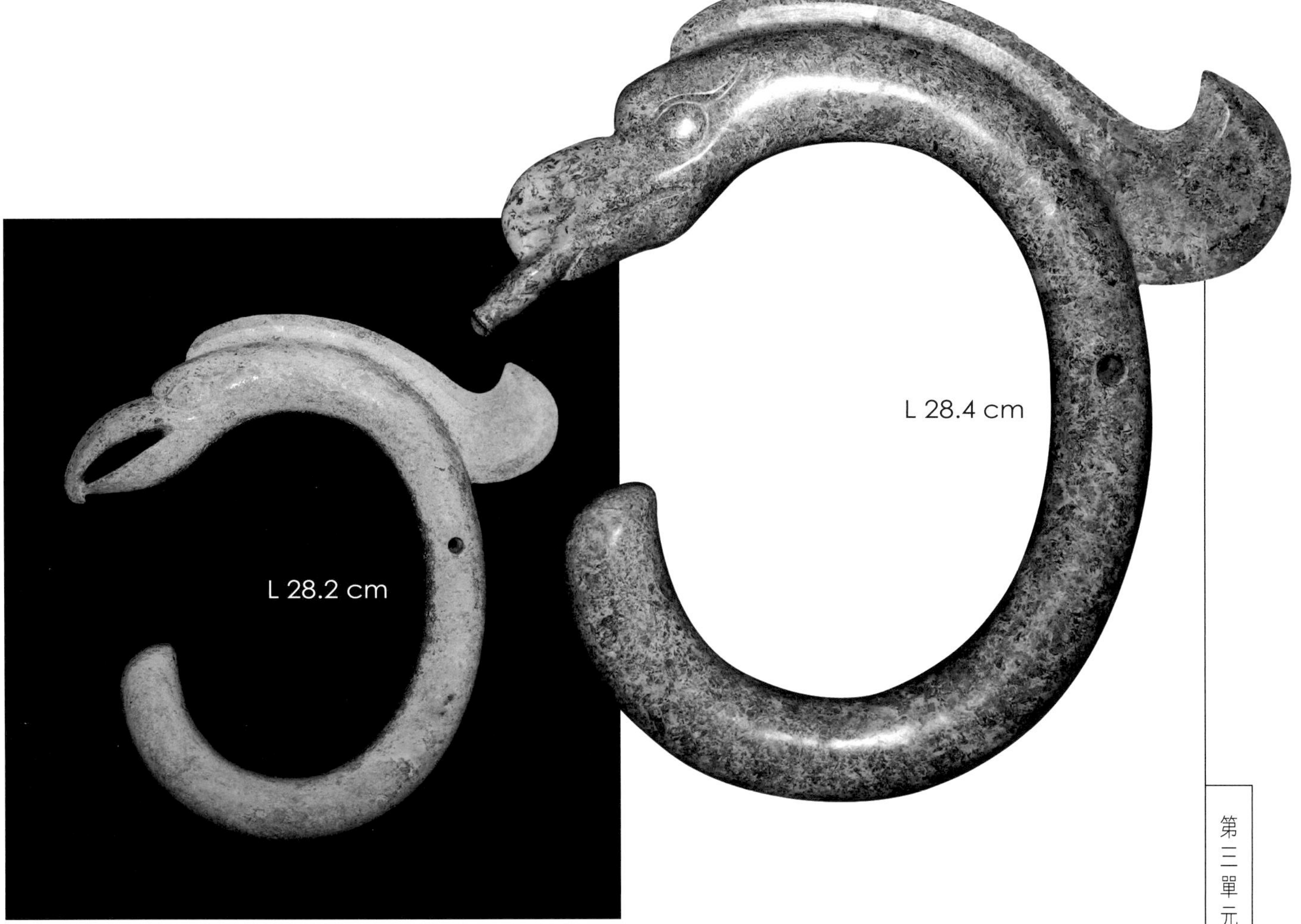

L 28.2 cm

L 28.4 cm

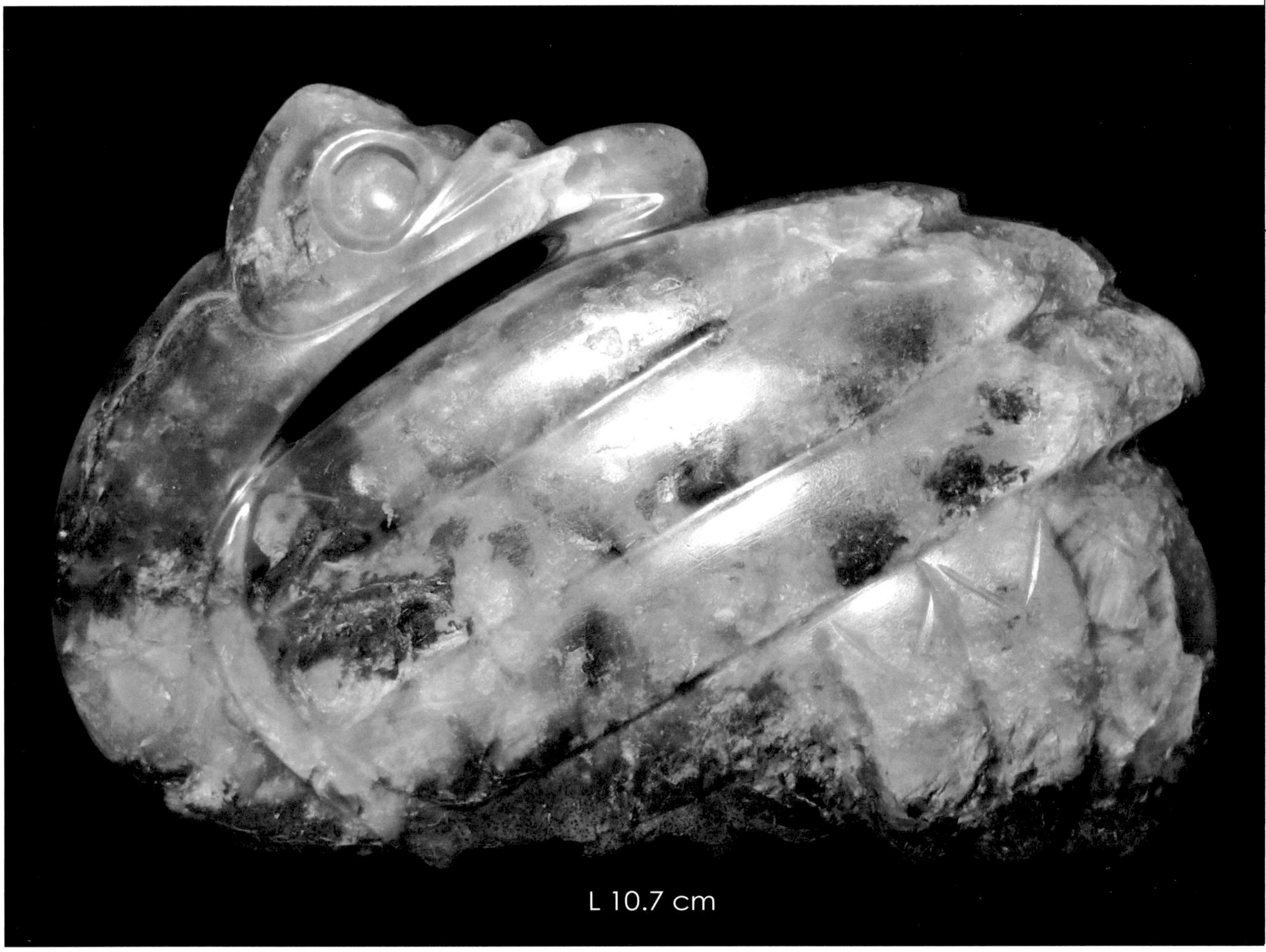

L 10.7 cm

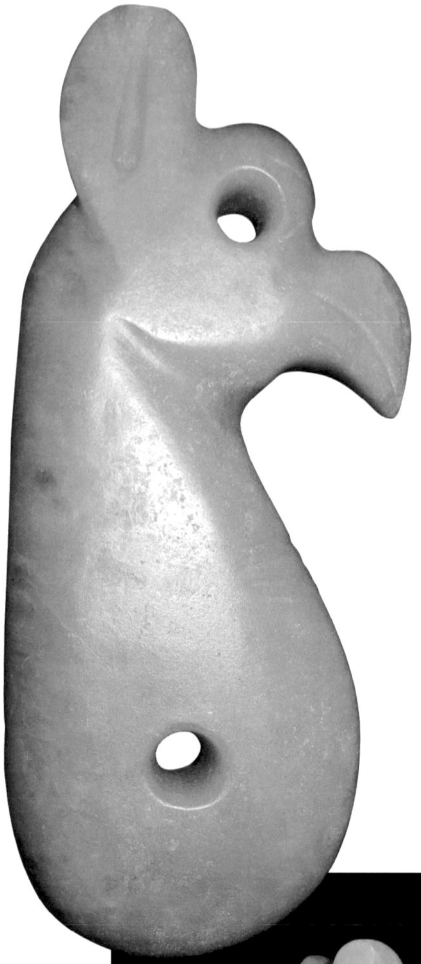

H 7.6 cm

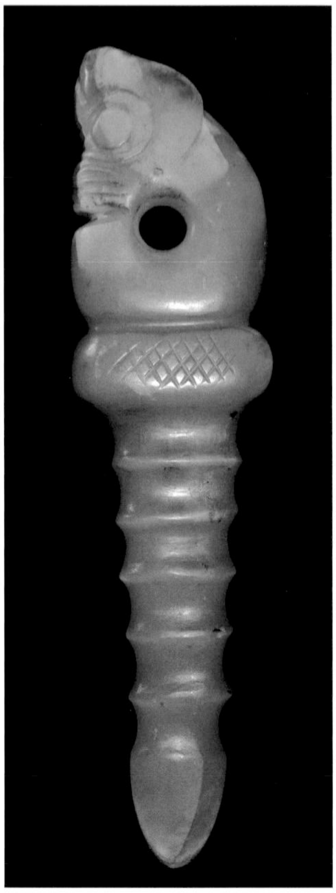

H 18.0 cm

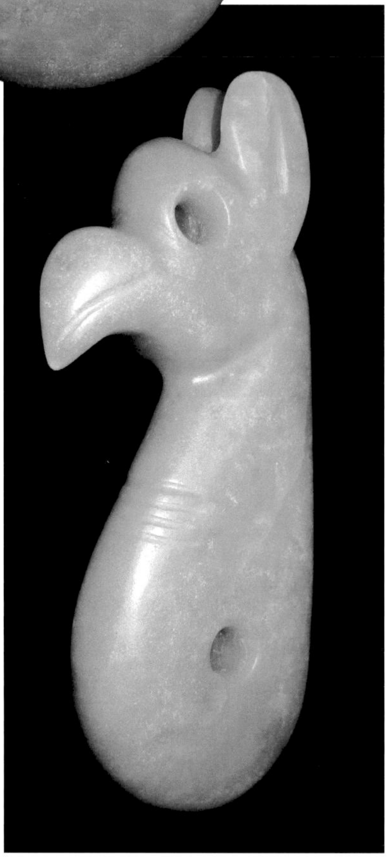

H 12.0 cm

H 21.2 cm

H 16.6 cm

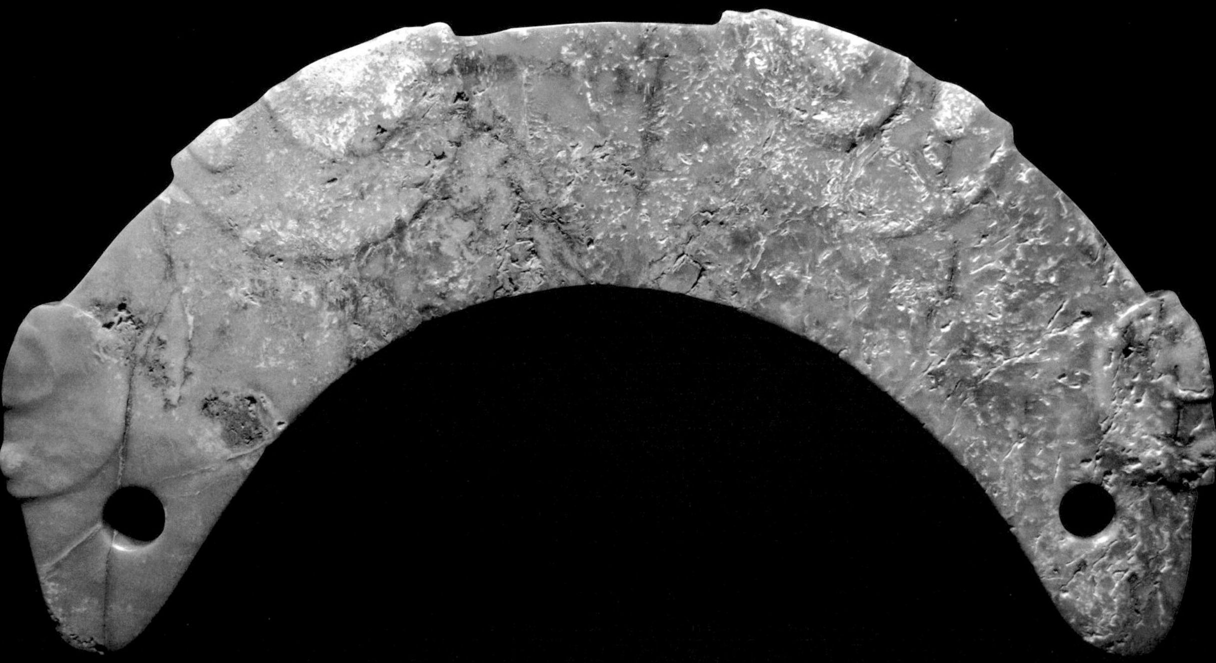

L 16.6 cm

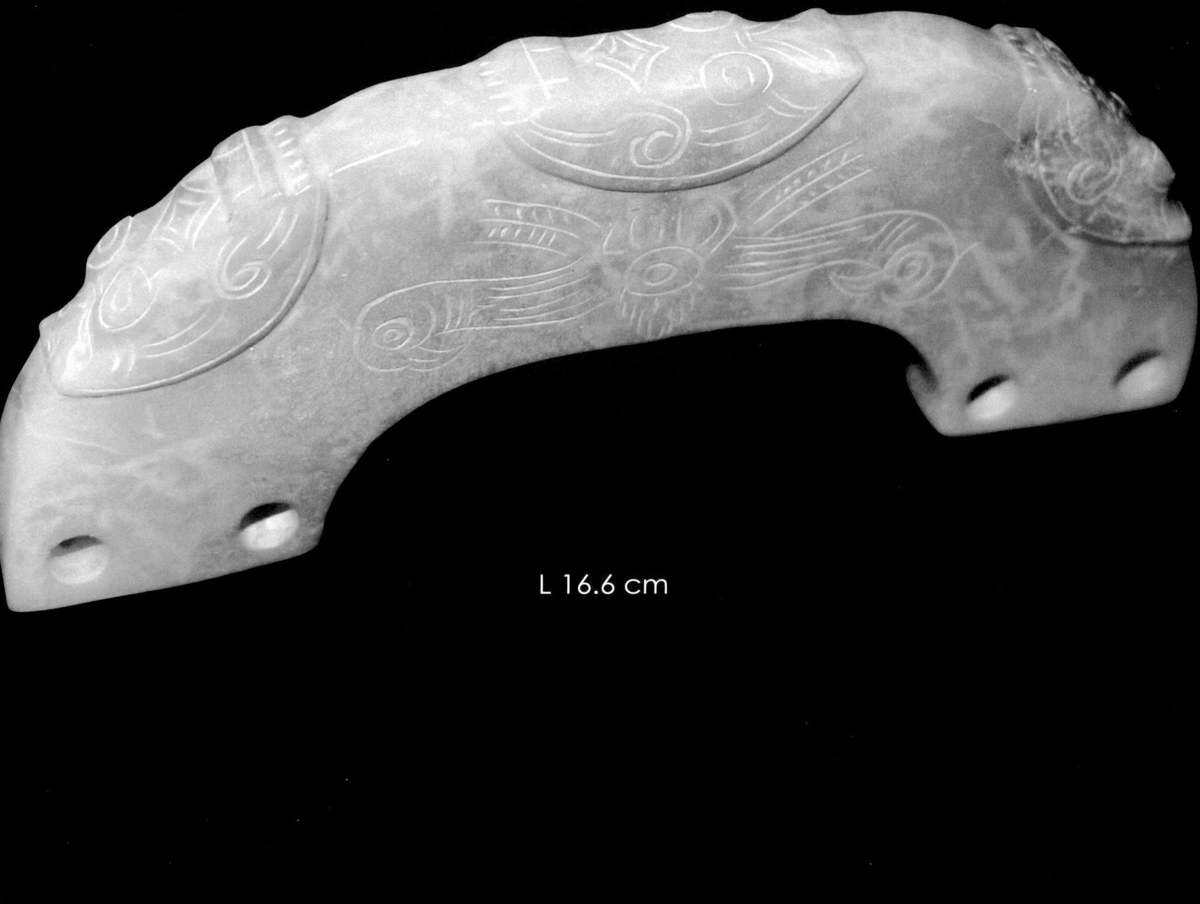

L 16.6 cm

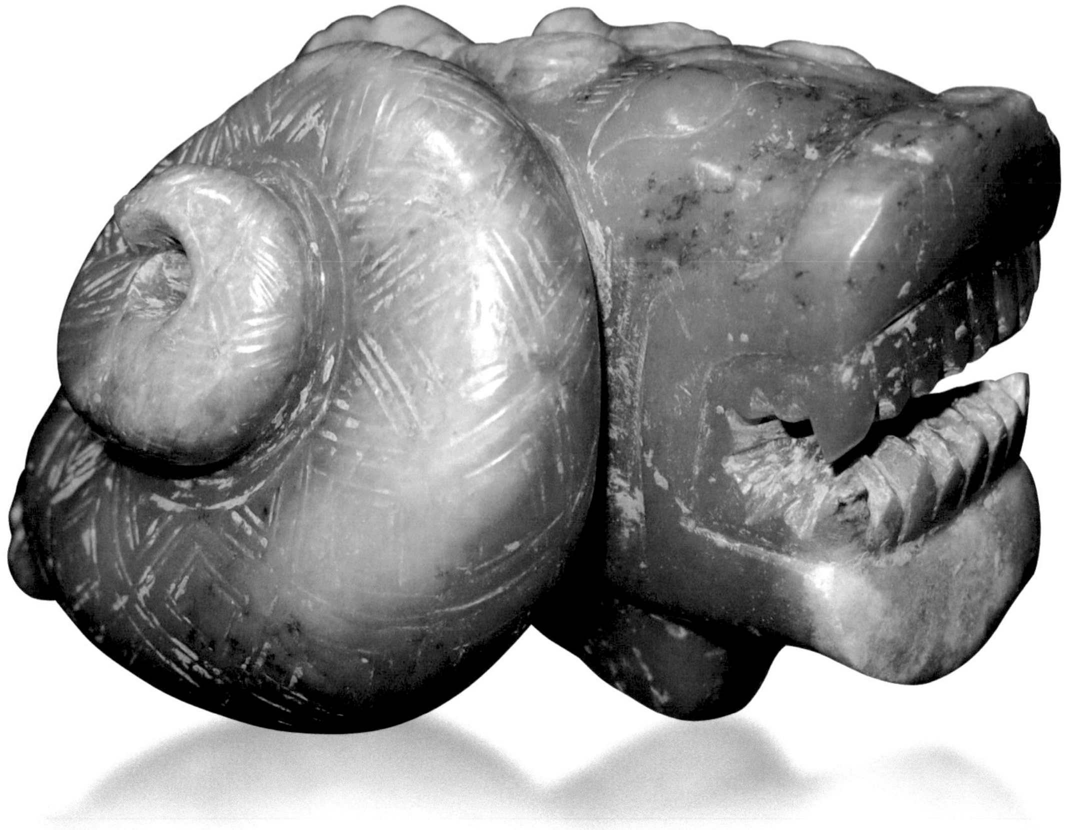

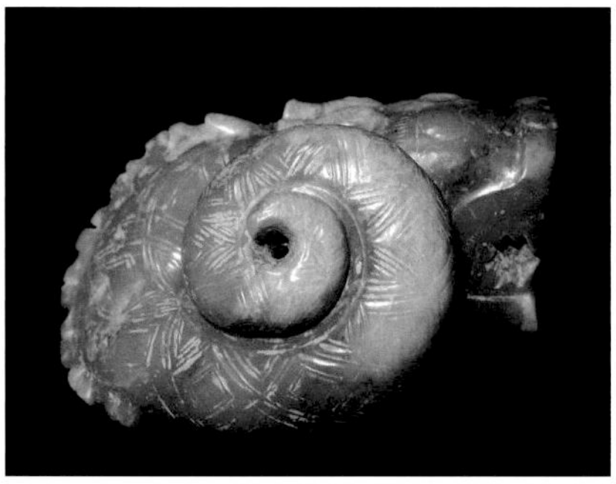

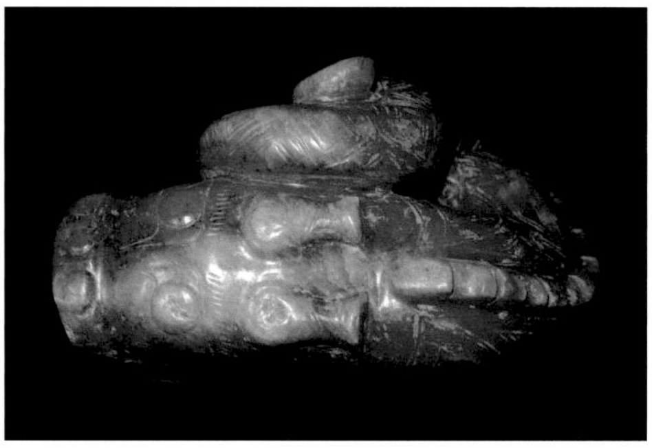

L 9.2 cm, H 5.0 cm

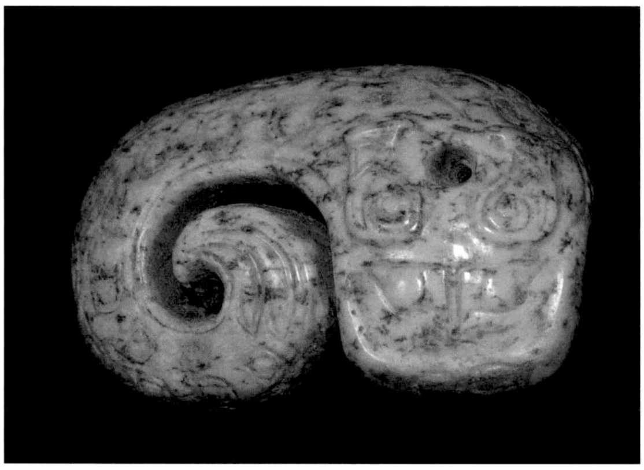

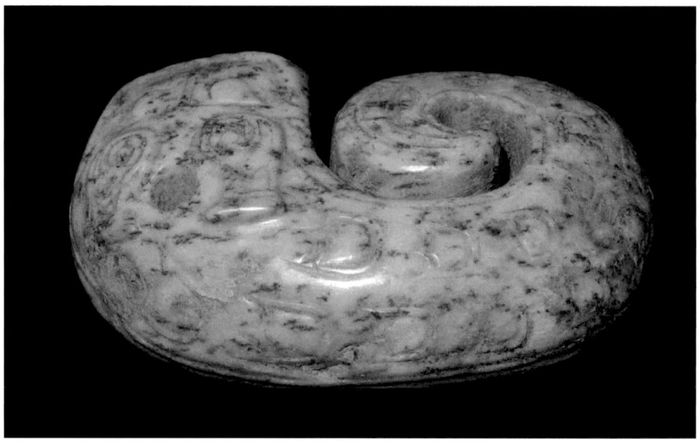

L 7.5 cm

L 7.5 cm, H 4.4 cm

H 5.9 cm

H 6.2 cm

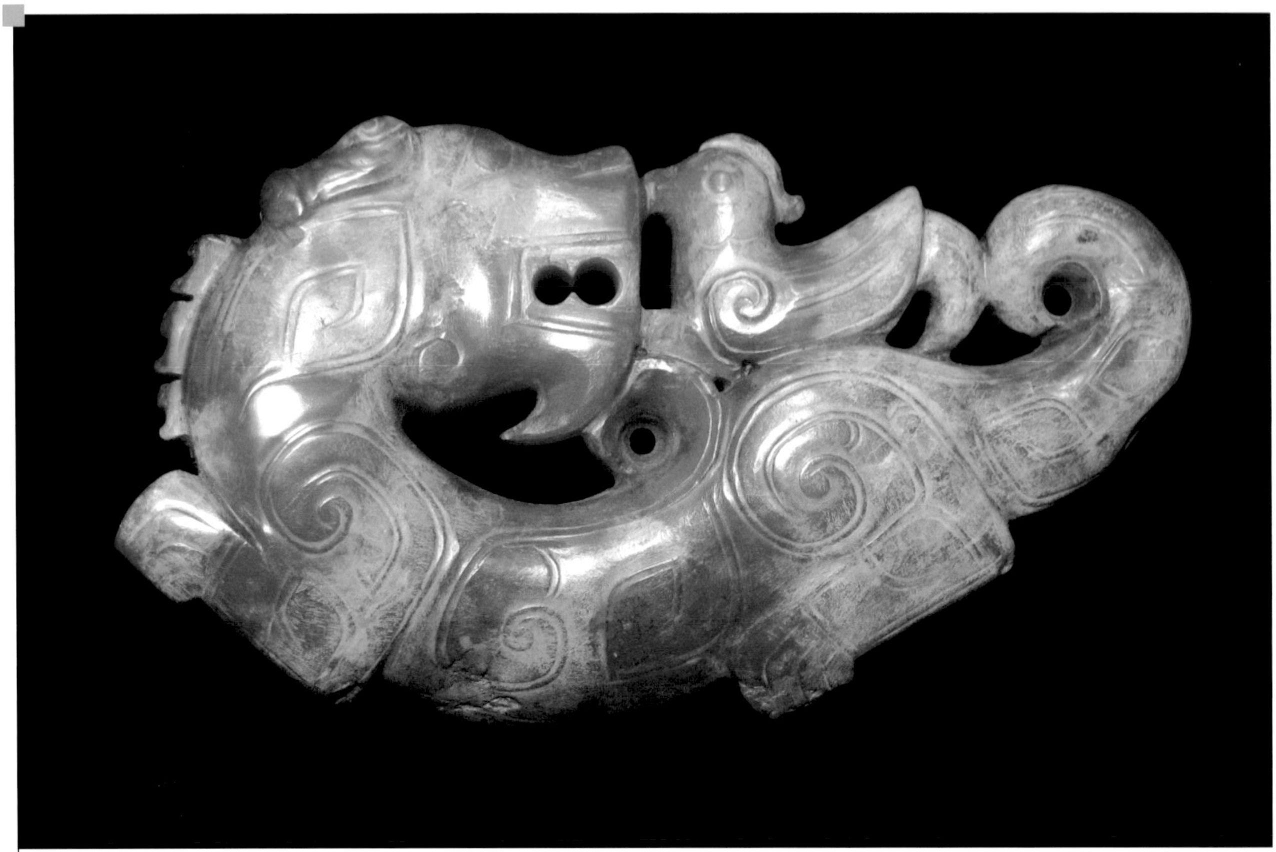

L12.9cm

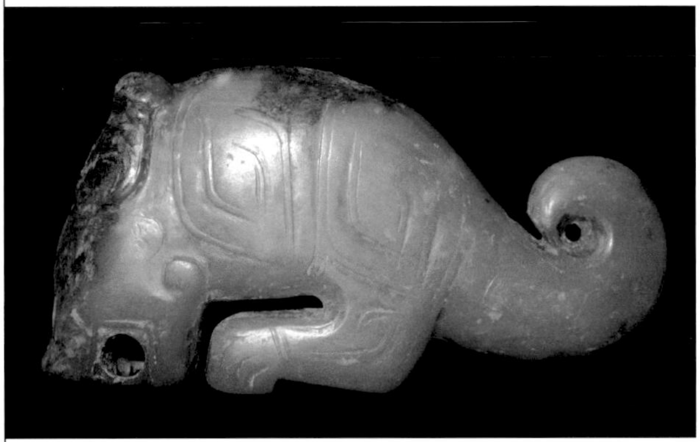

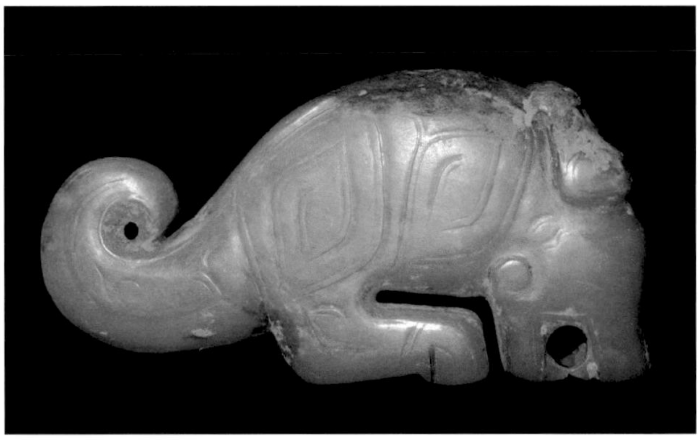

L8.9cm

L4.1cm

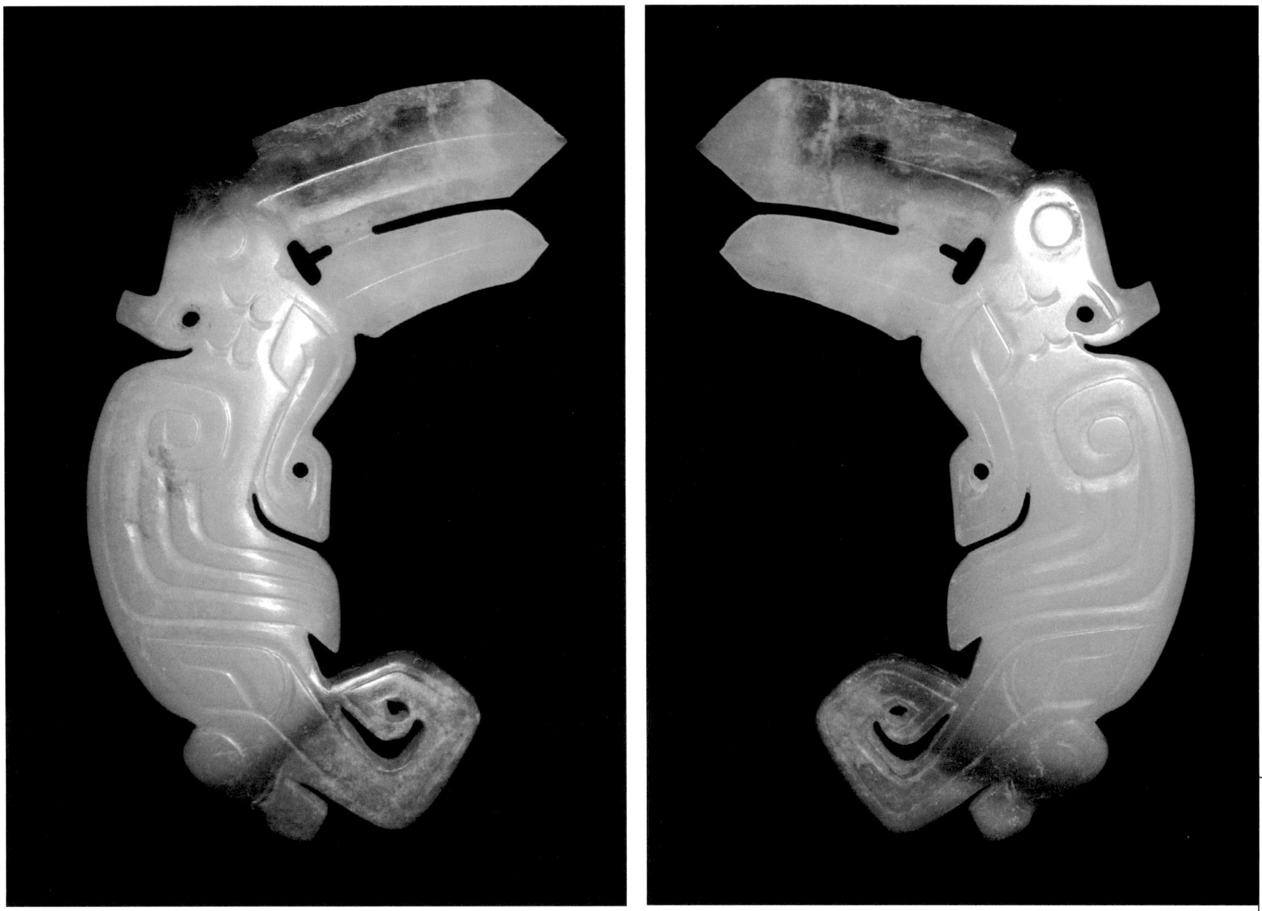

H 8.8 cm

L 9.7 cm

L 12.4 cm

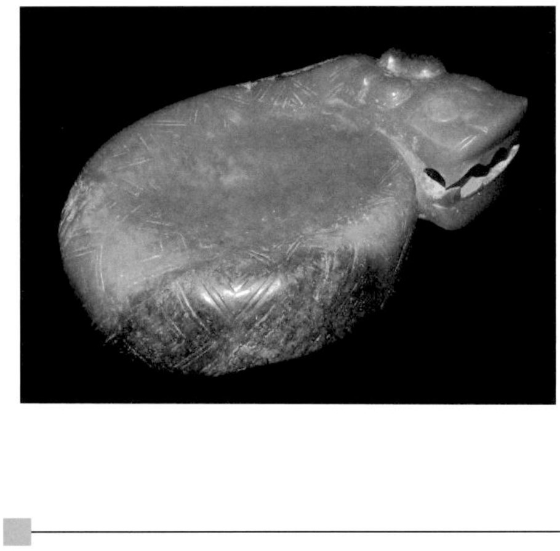

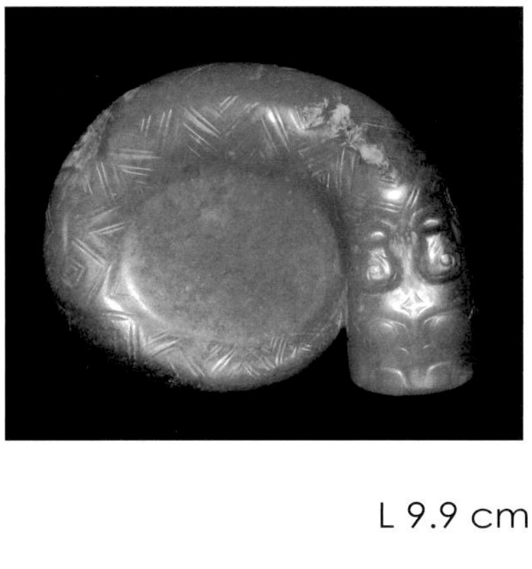

L 9.9 cm

H 12.7 cm

H 11.9 cm, W 7.9 cm

W 8.1 cm

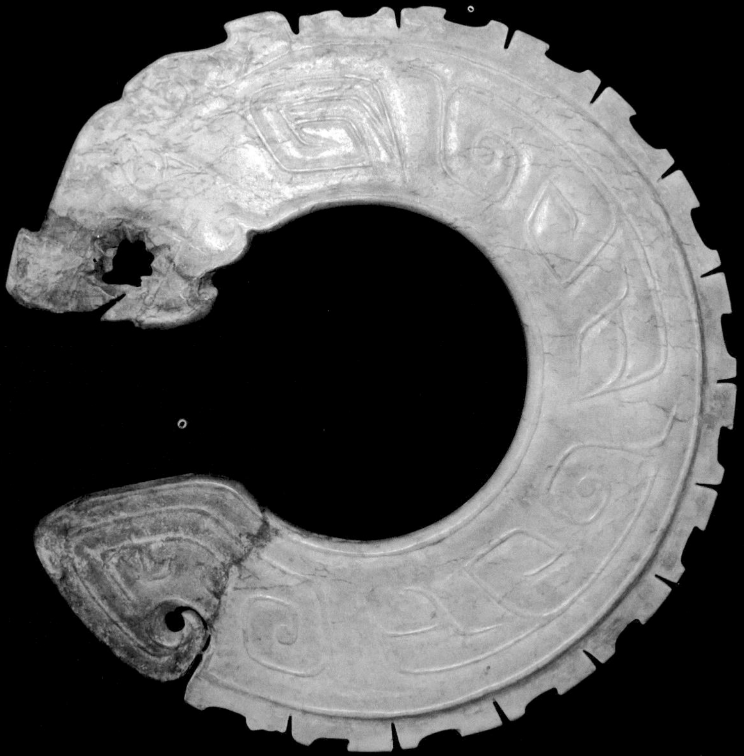

W 13.5 cm

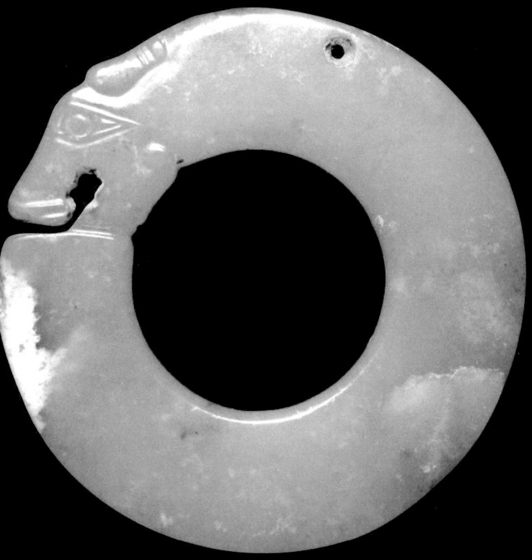

D 6.4 cm

L 9.3 cm

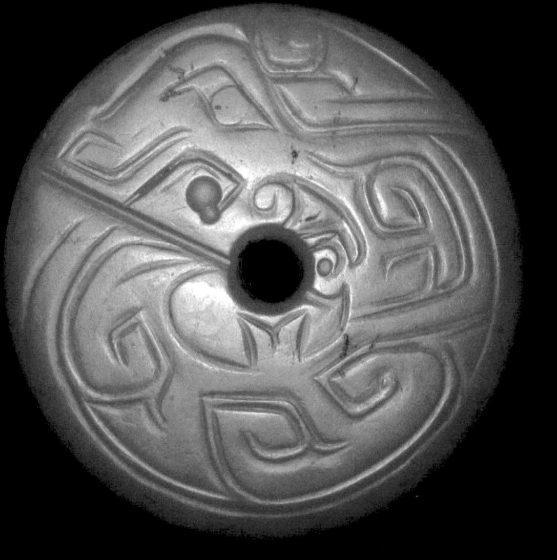

D 5.1 cm

H 11.2 cm

H 10.8 cm

L 11.2 cm

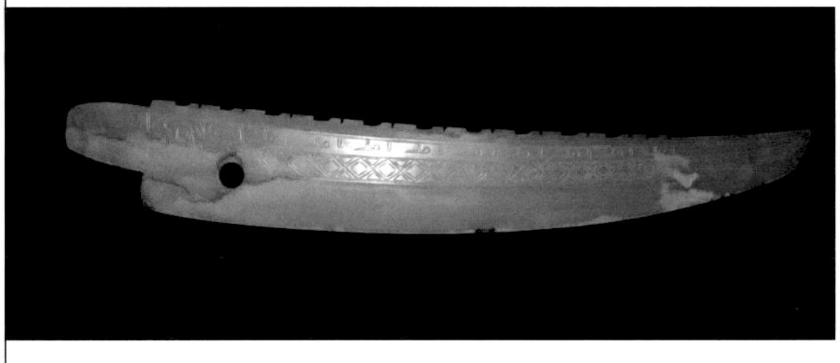

L 38.8 cm

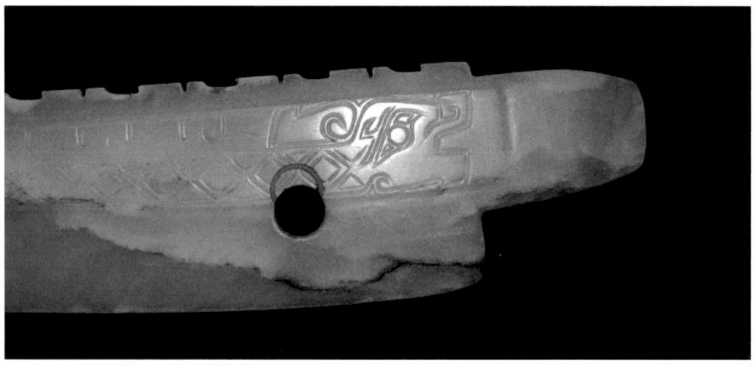

H 10.3 cm

H 8.1 cm

W 8.3 cm, H 5.1 cm

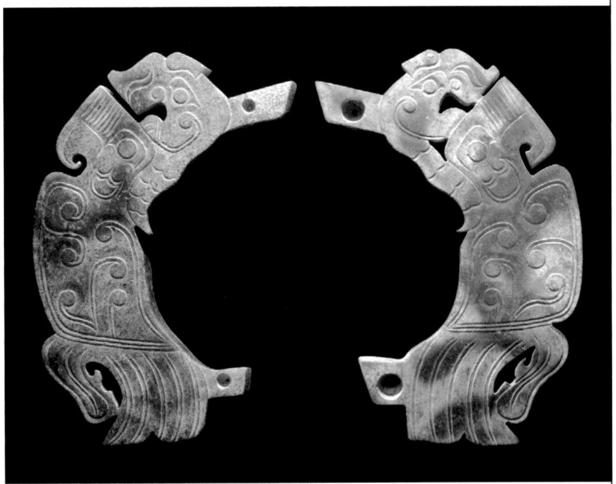

H 7.3 cm

H 9.1 cm

H 6.9 cm

H 10.5 cm

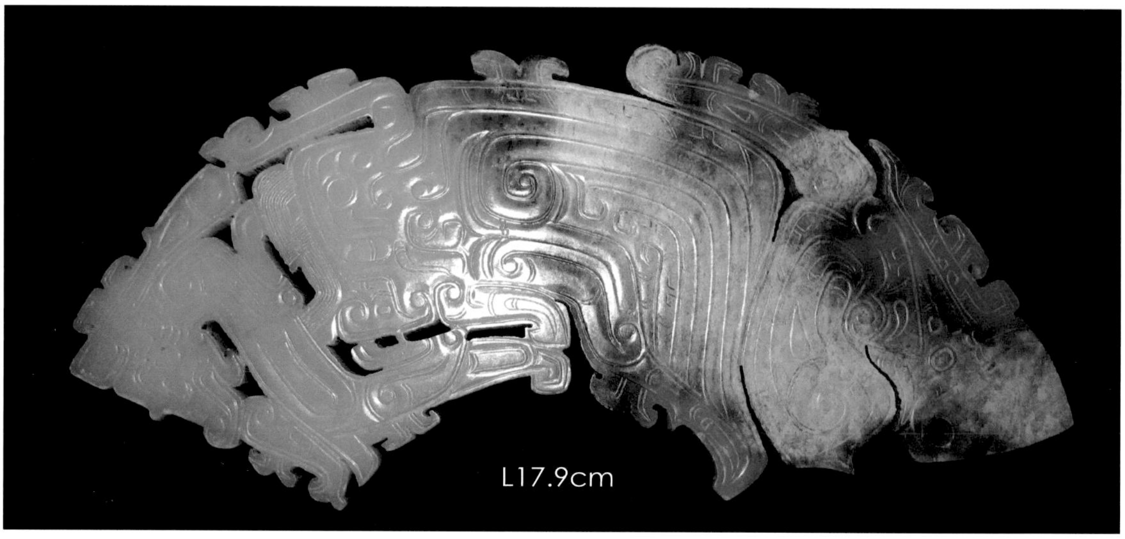

L17.9cm

L 5.6 cm

L 7.2 cm, H 5.5 cm

L 5.1 cm, H 4.1 cm

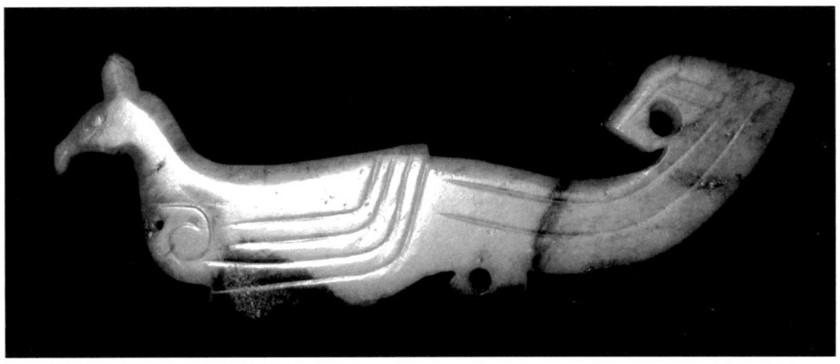

L 9.4 cm

L 6.9 cm

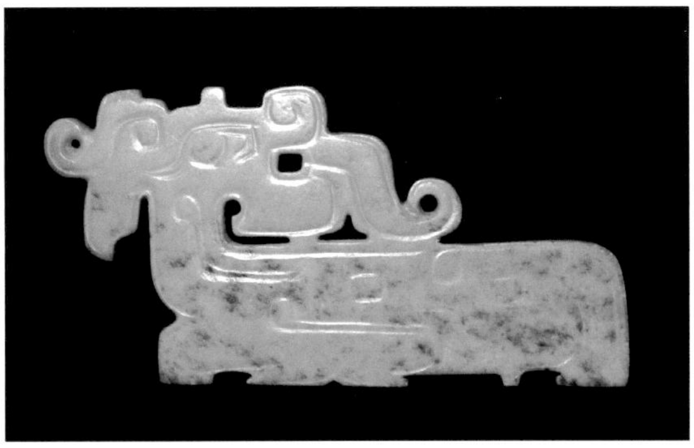

L 7.4 cm

L 8.9 cm

L 8.1 cm

H 10.7 cm

H 9.4 cm

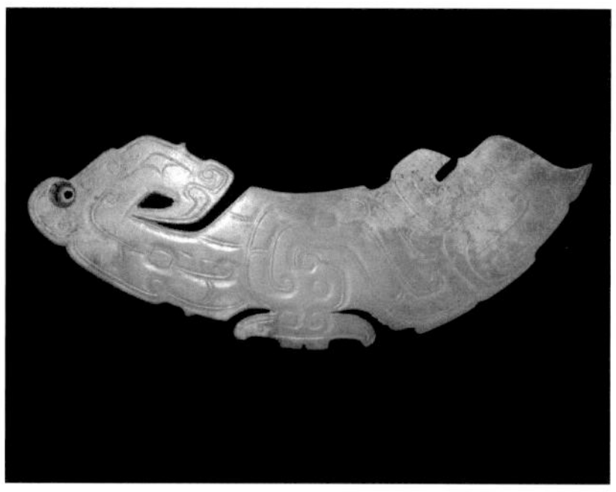

H 10.8 cm

H 7.3 cm

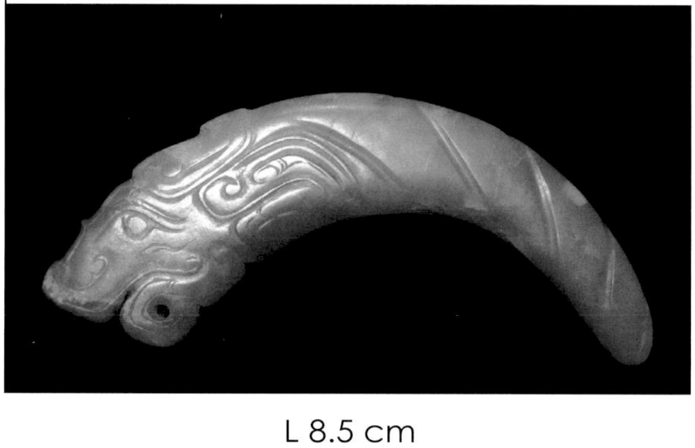

L 8.5 cm

L 8.3 cm

L 6.7 cm

L 6.2 cm

L 6.8 cm

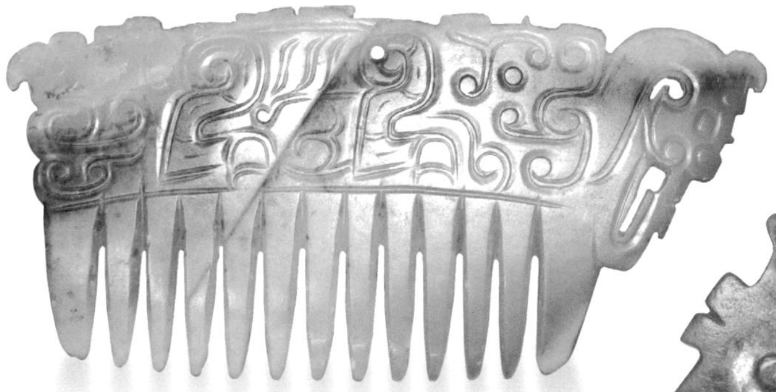

L 10.0 cm

L 7.0 cm

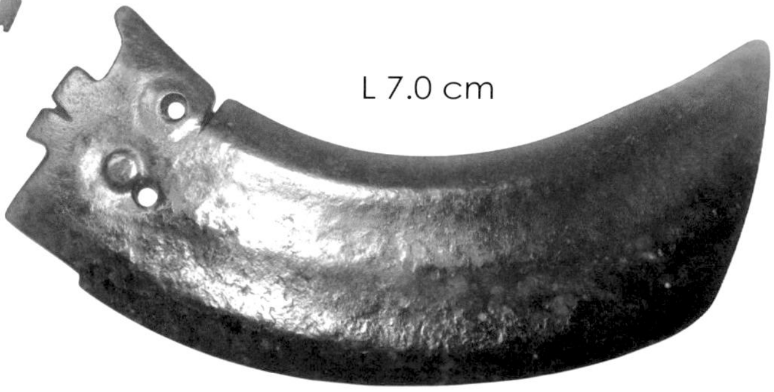

L 4.5 cm

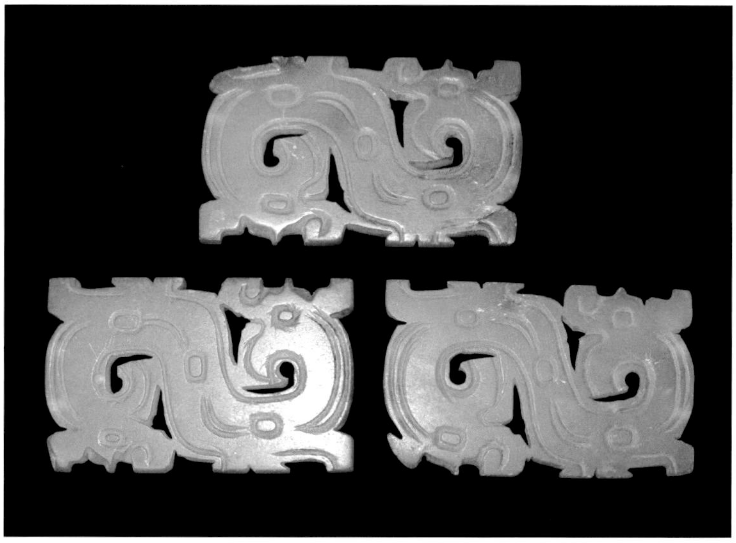

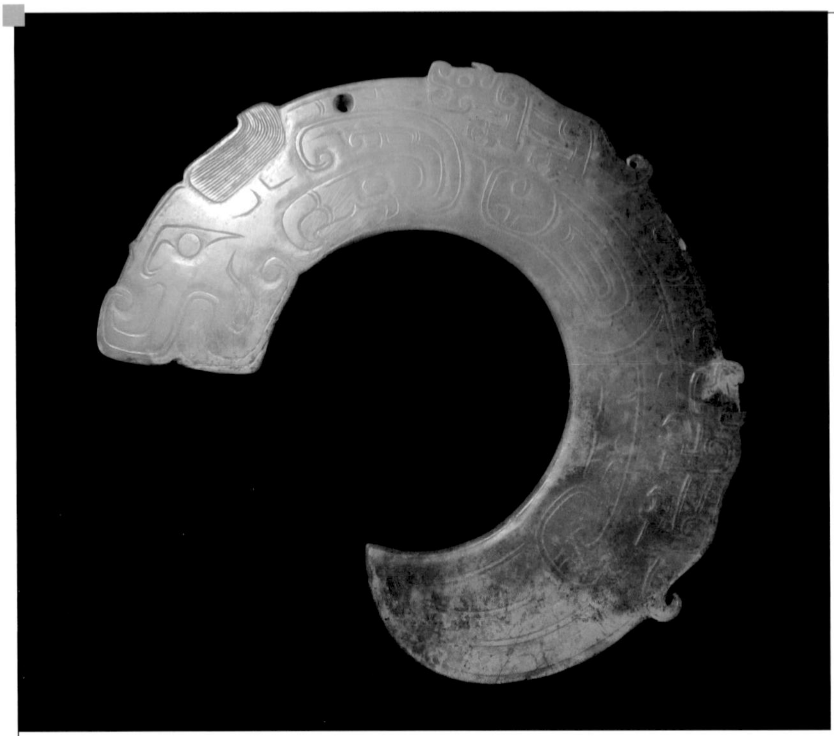

H 14.4 cm

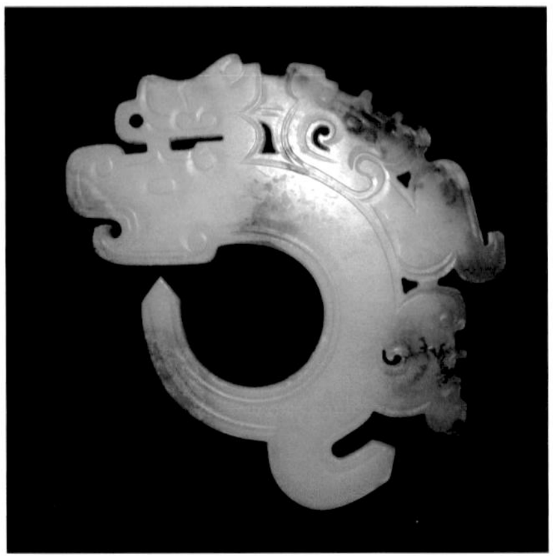

H 9.4 cm

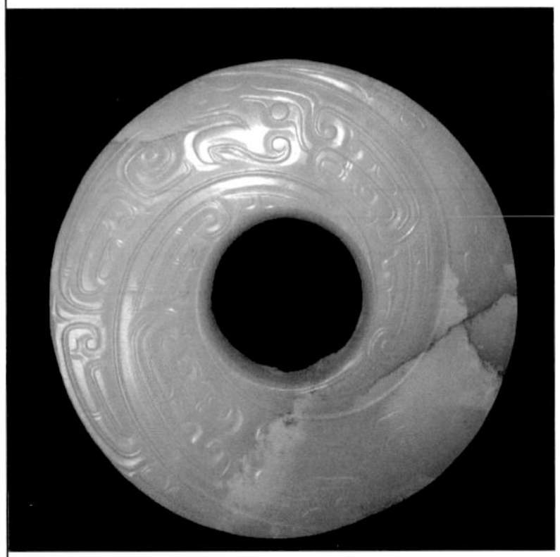

D 9.6 cm

D 3.4 cm

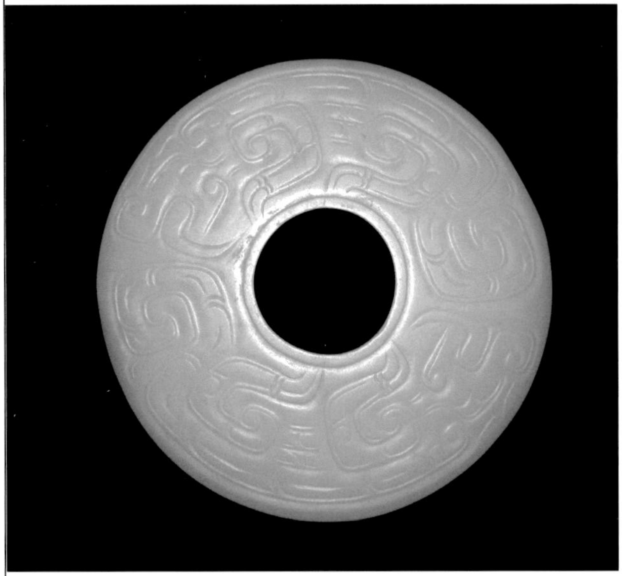

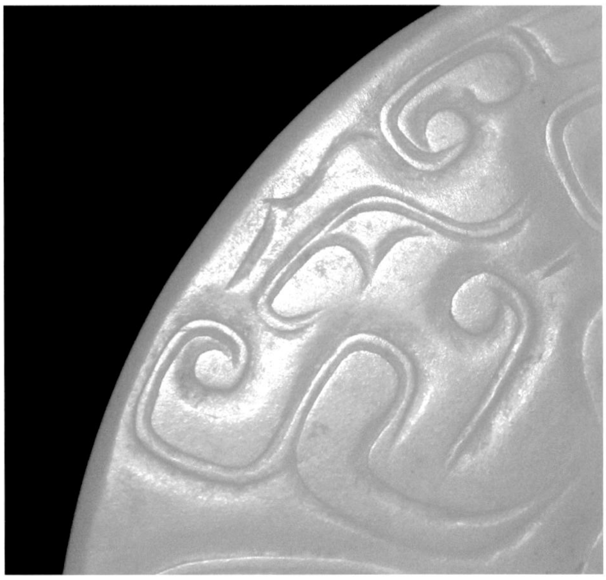

D 9.4 cm

W 10.0 cm, H 8.0 cm

D 4.1 cm

W 12.8 cm, H 12.7 cm

H 5.2 cm

H 7.3 cm

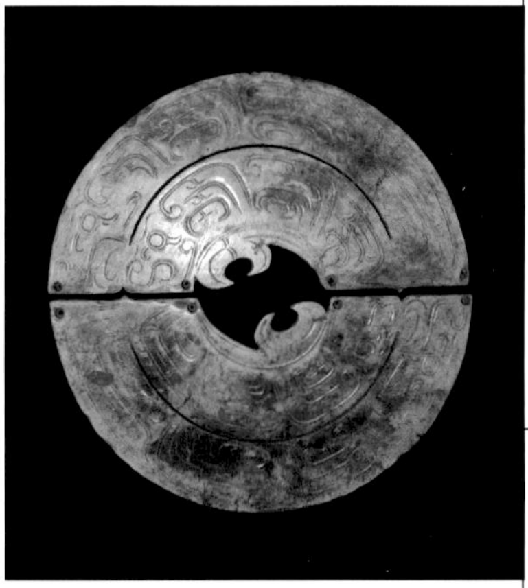

D 20.3 cm

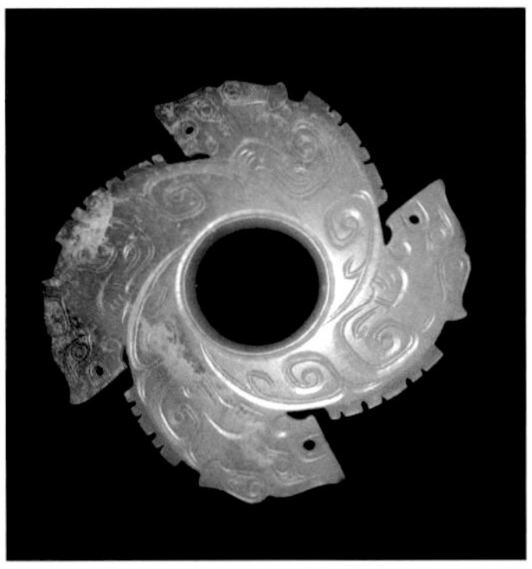

W 12.8 cm

L 12.3 cm

L 9.8 cm

L 11.2 cm

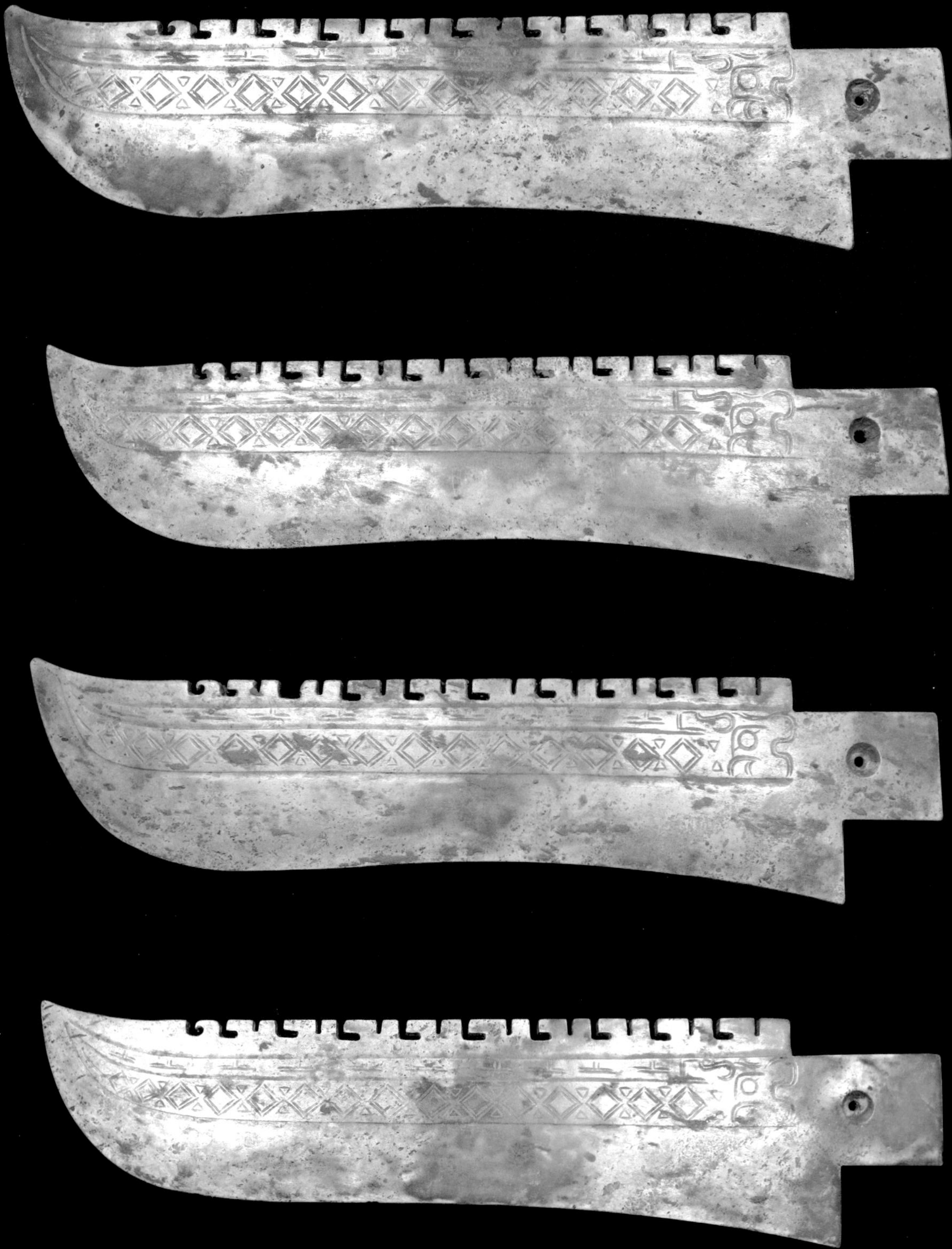

W 9.6 cm, H 8.5 cm

H 9.0 cm

L 13.4 cm, W 7.4 cm, H 5.2 cm

L 7.8 cm, W 7.9 cm, H 2.3 cm

L 13.6 cm

L 12.6 cm

L 15.5 cm

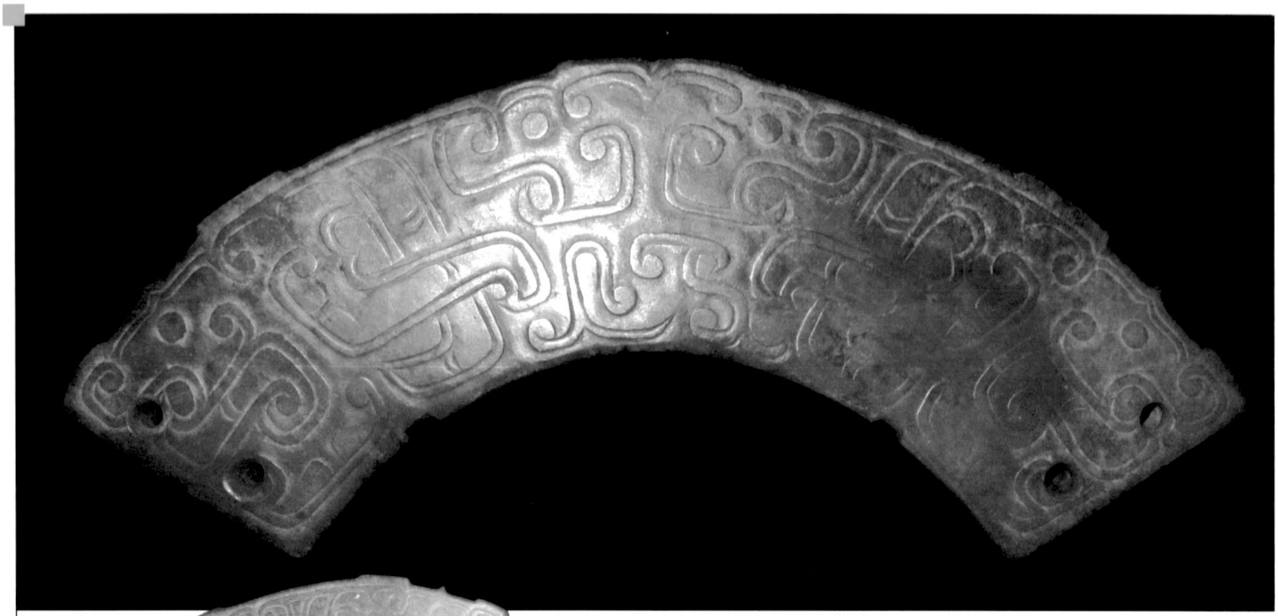

L 13.7 cm

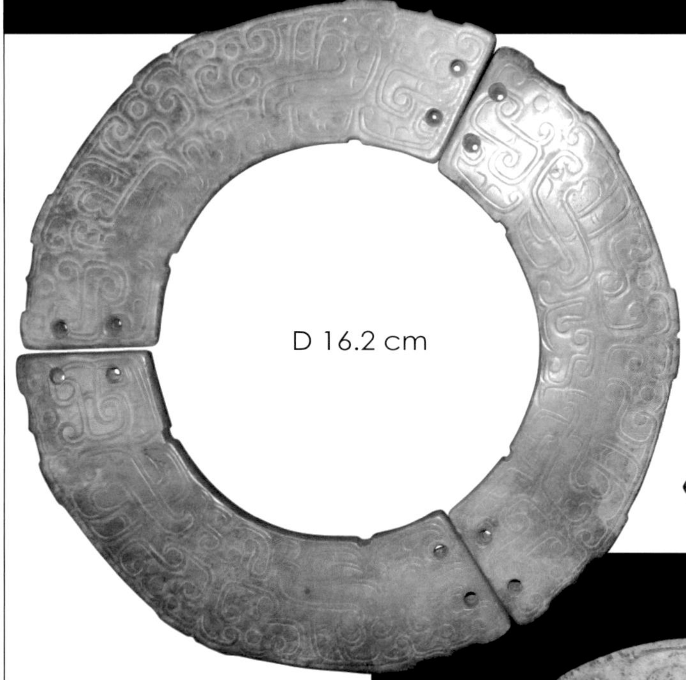

D 16.2 cm

L 11.2 cm

D 5.2 cm

L 12.3 cm

W 6.8 cm

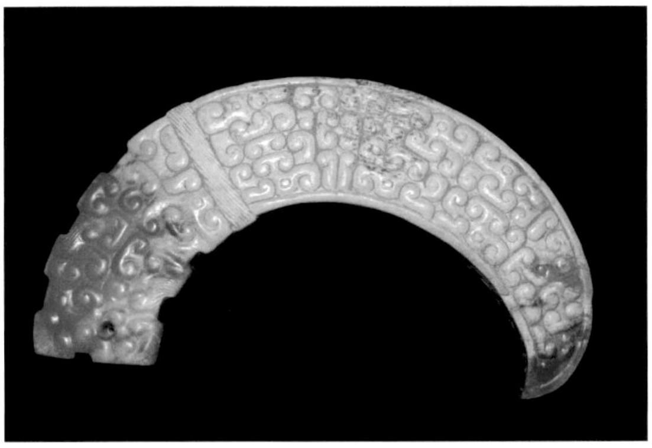

L 8.6 cm

L 8.5 cm, W 7.9 cm, H 8.8 cm

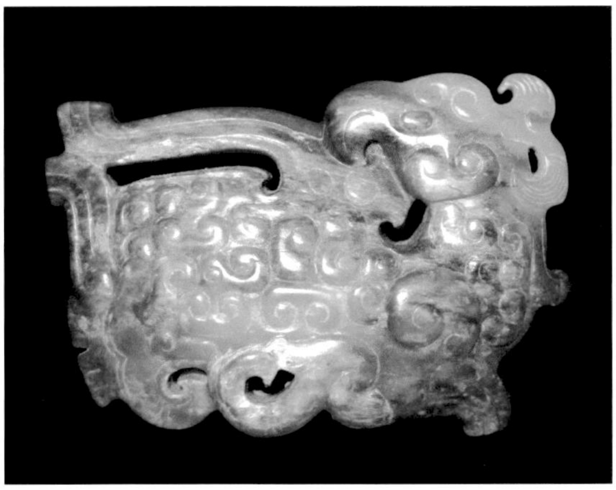

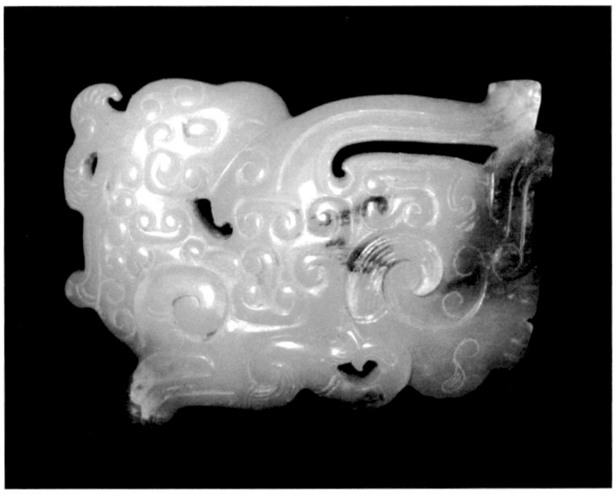

L 5.5 cm

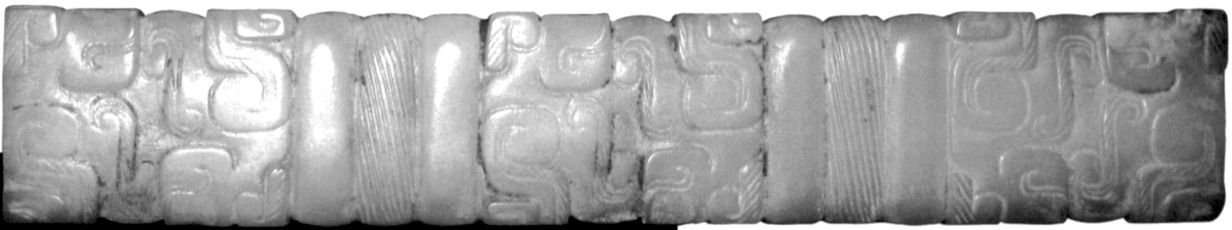

L 10.2 cm

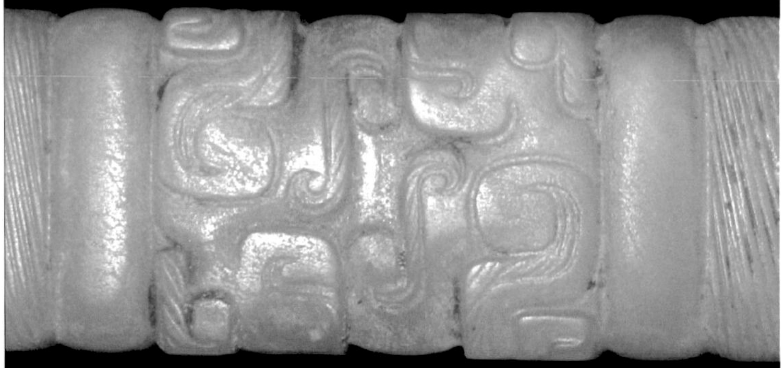

L 5.8 cm, H 2.8 cm

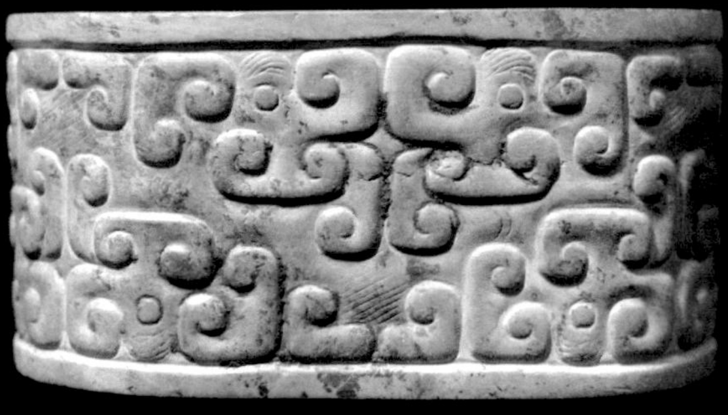

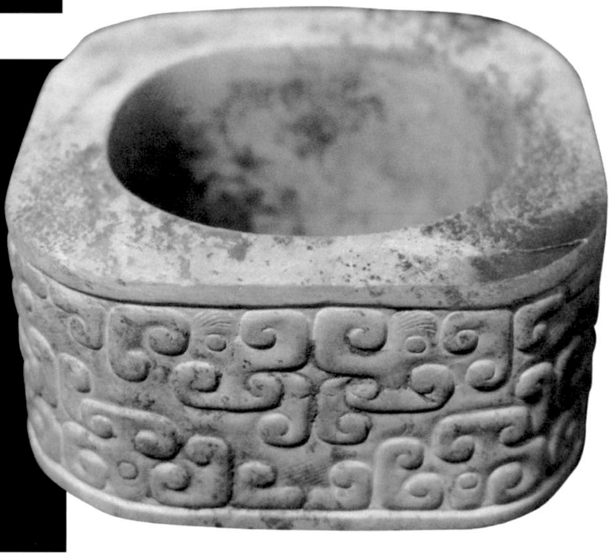

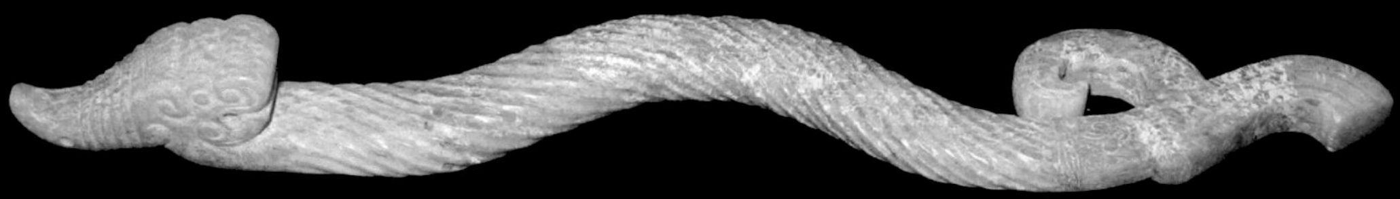

L 13.5 cm

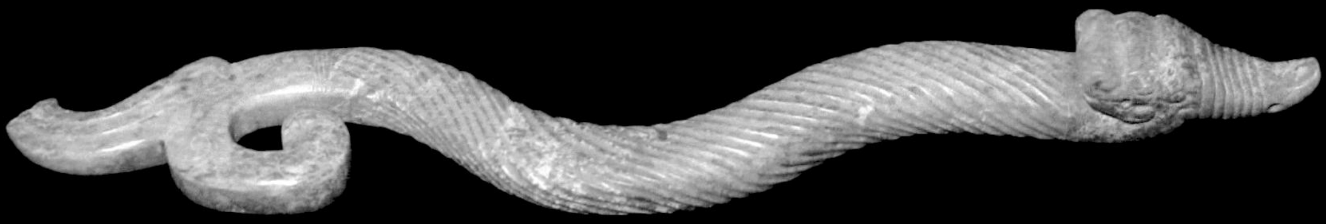

L 14.2 cm

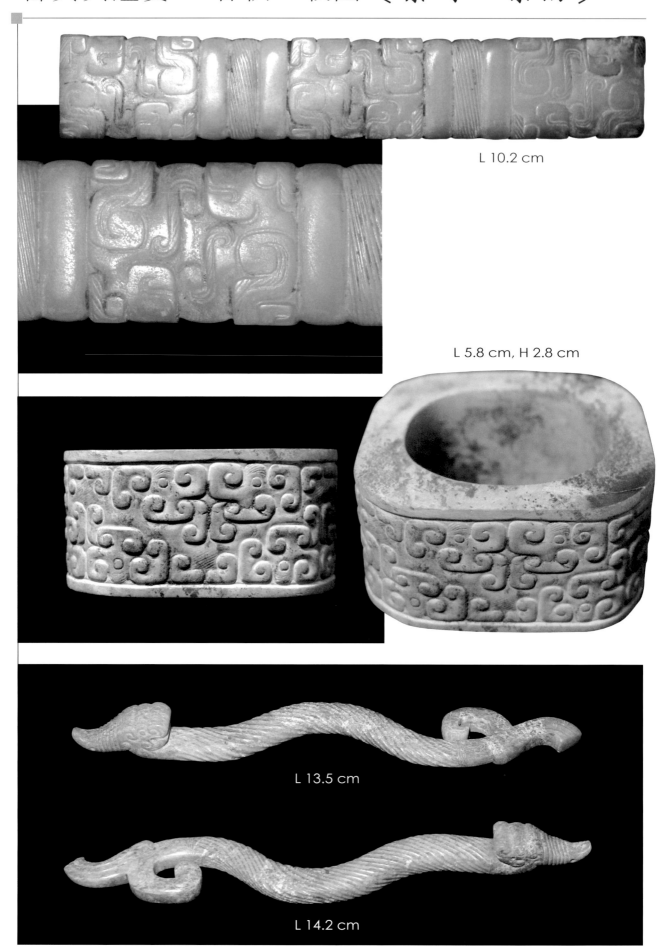

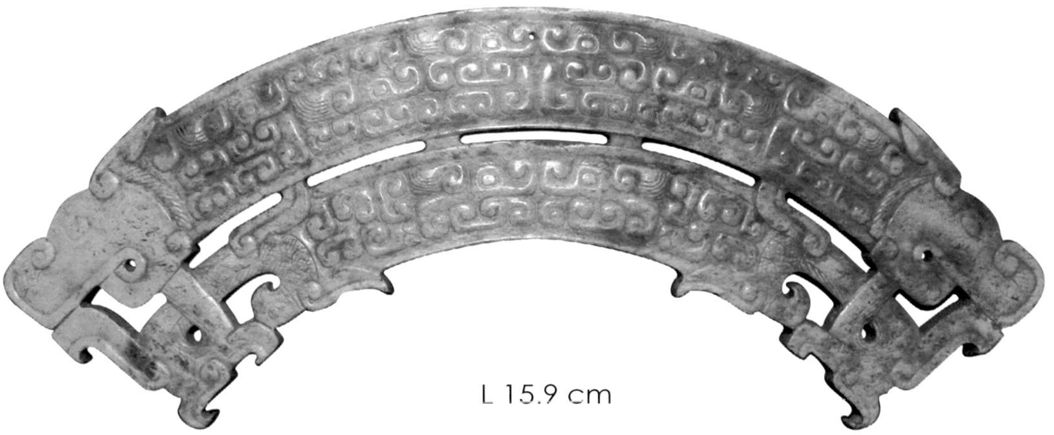

L 15.9 cm

L 18.9 cm

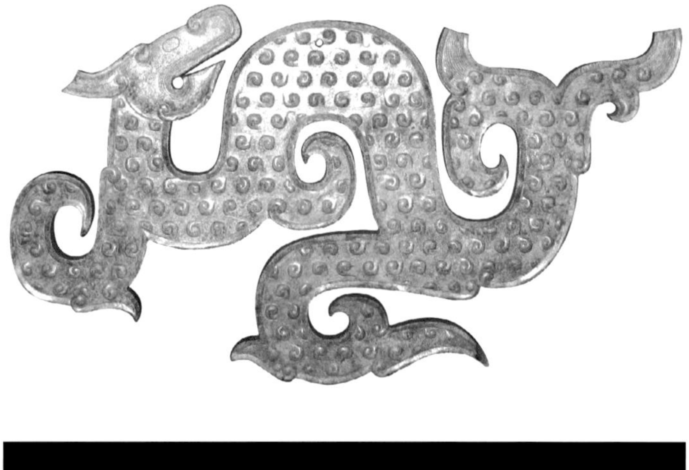

H 12.8 cm

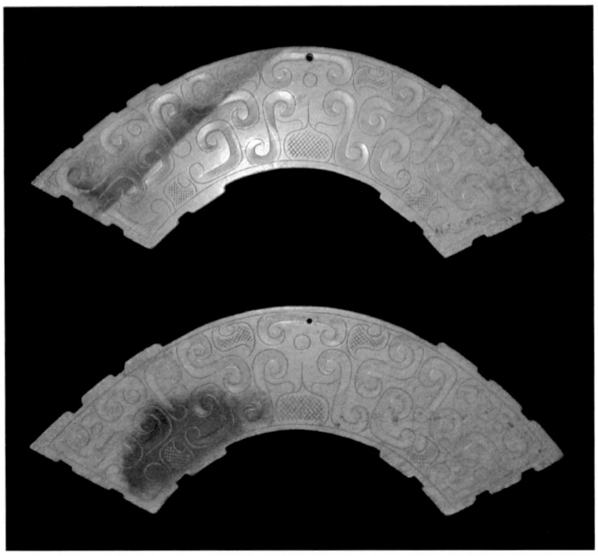

L 14.5 cm

L 14.7 cm

L 13.1 cm

D 5.1 cm

L 19.7 cm

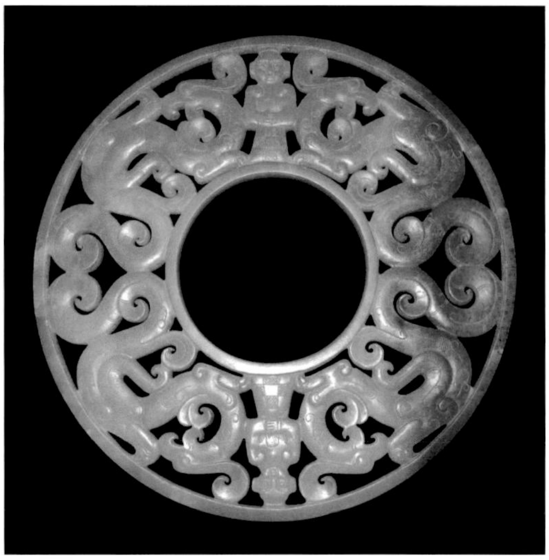

D 12.6 cm

H 15.7 cm

H 8.0 cm

H 12.6 cm

L 22.0 cm

L 12.7 cm

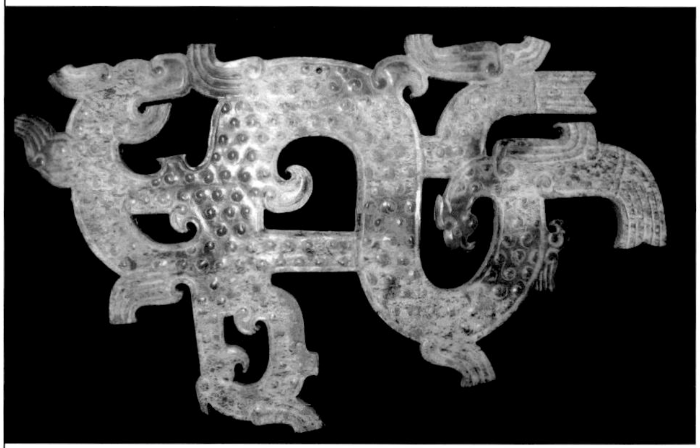

L 19.0 cm

L 15.2 cm

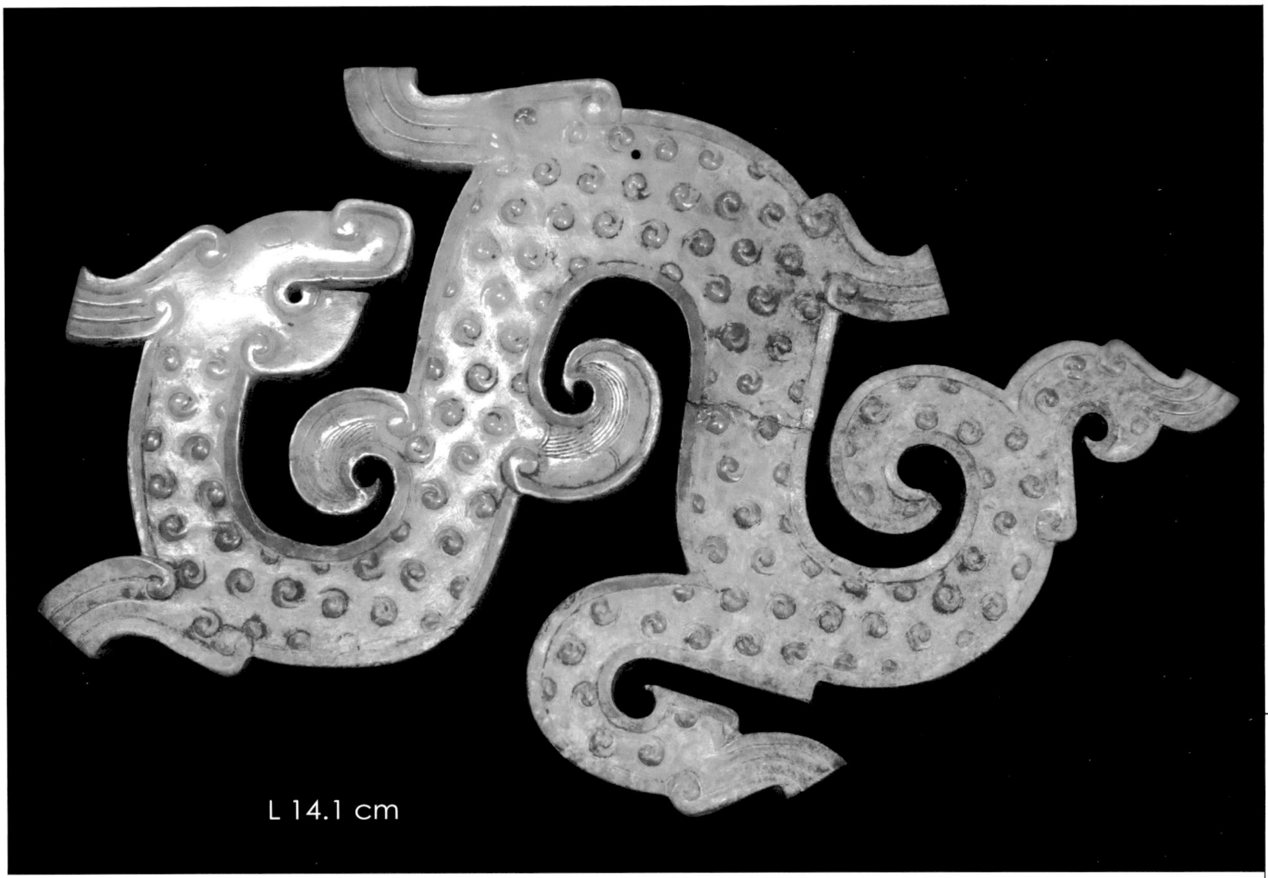
L 14.1 cm

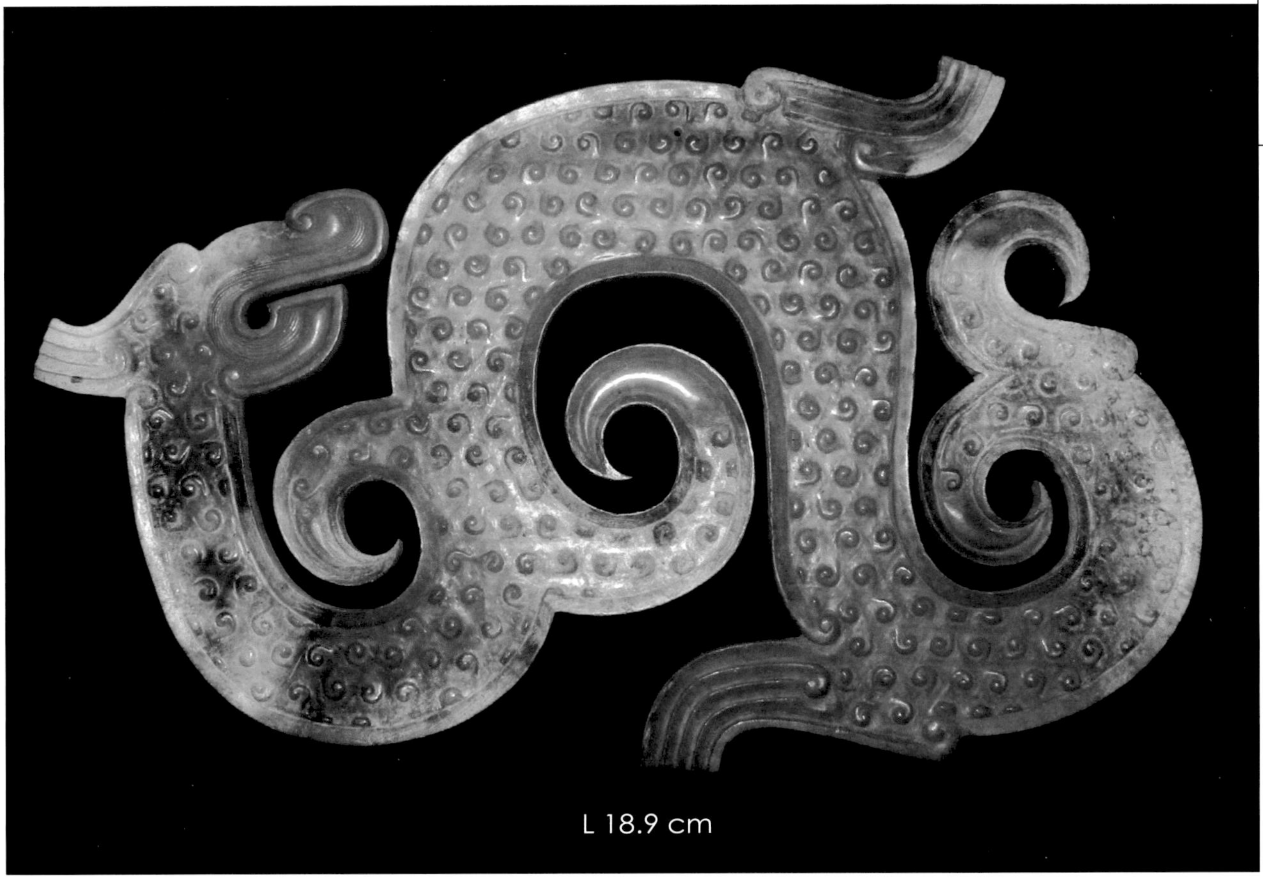
L 18.9 cm

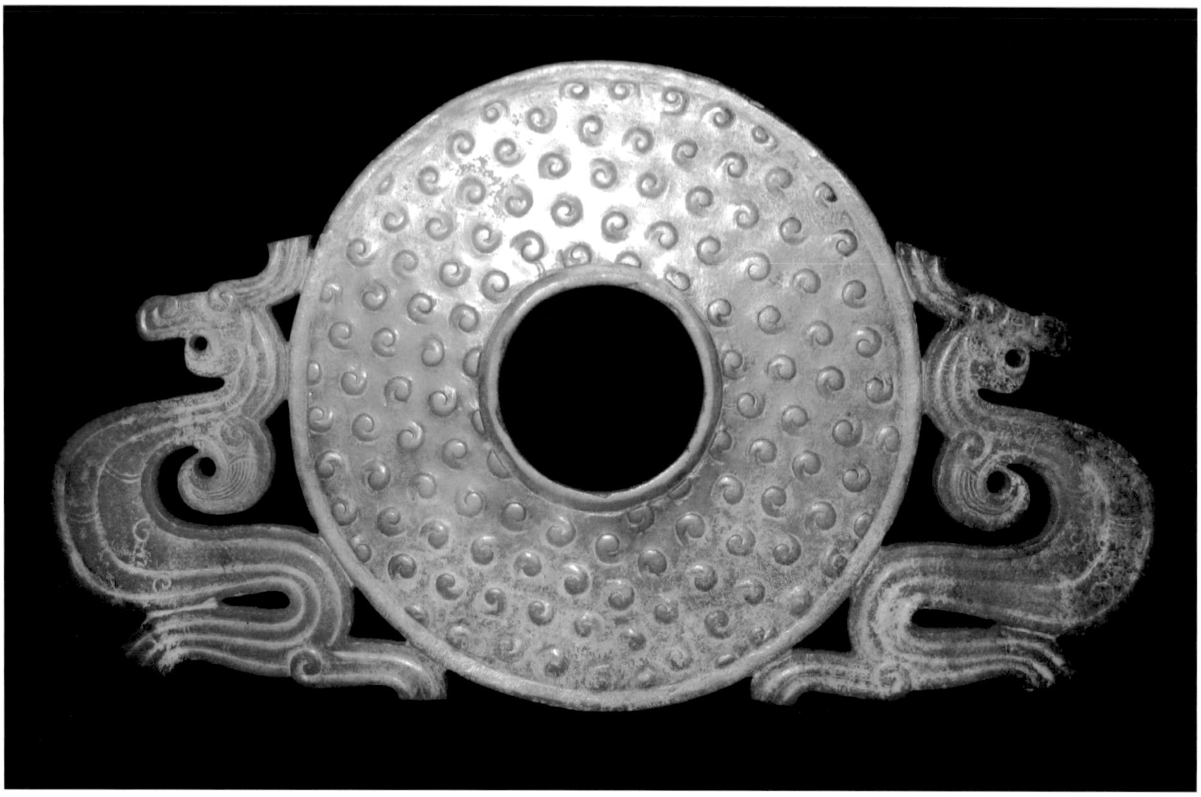

L 14.5 cm

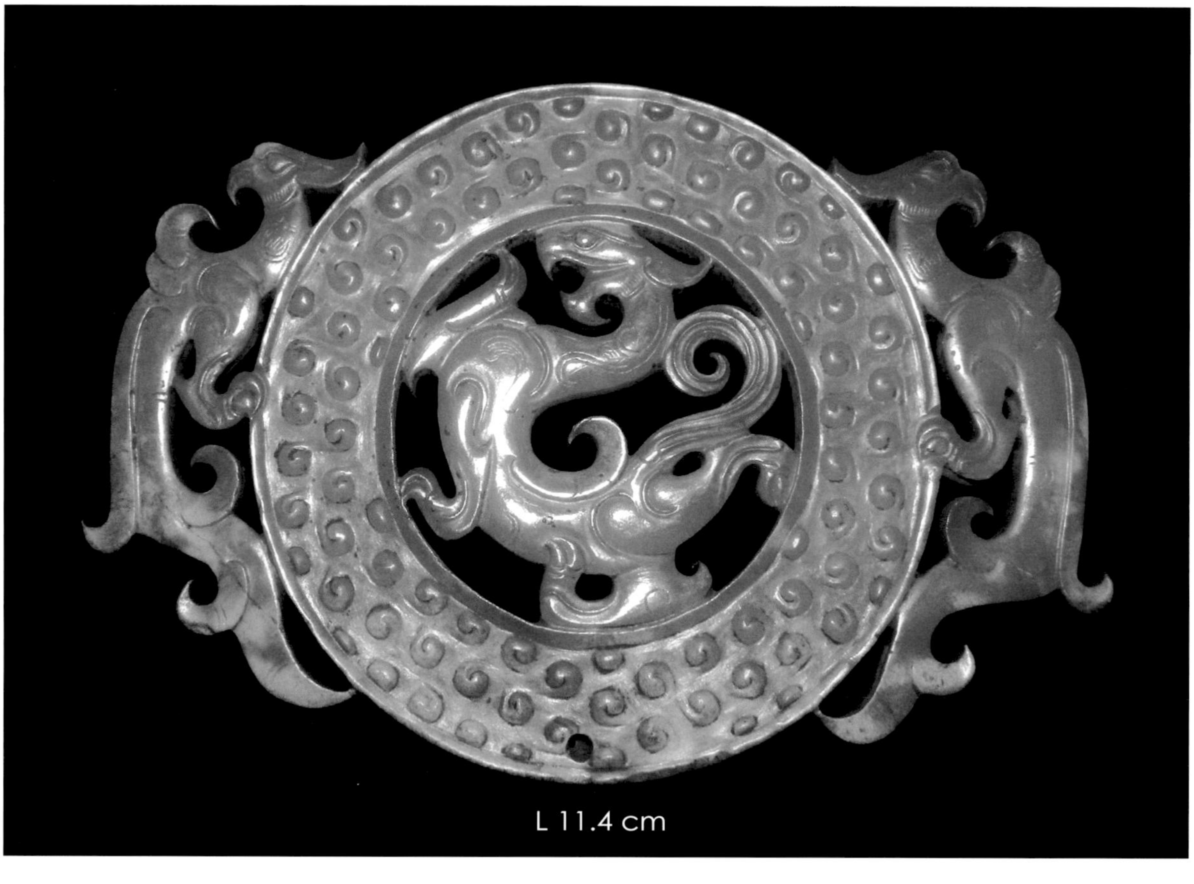

L 11.4 cm

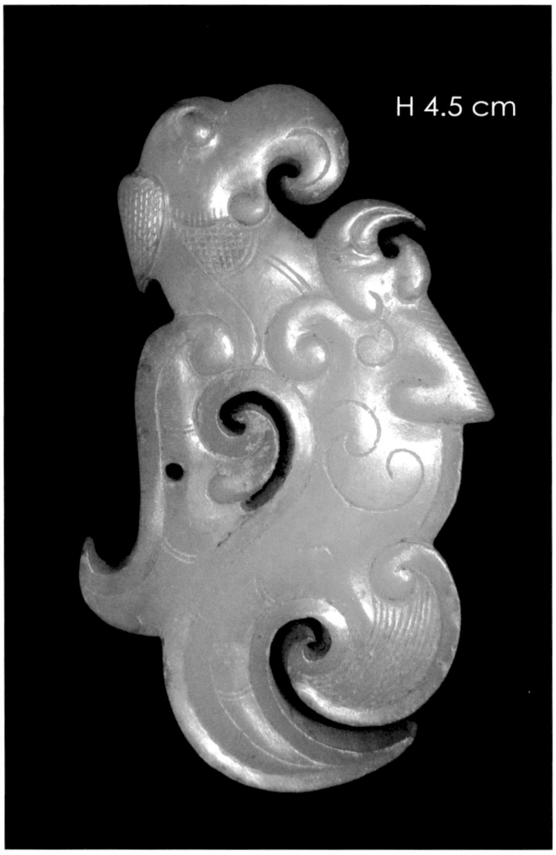

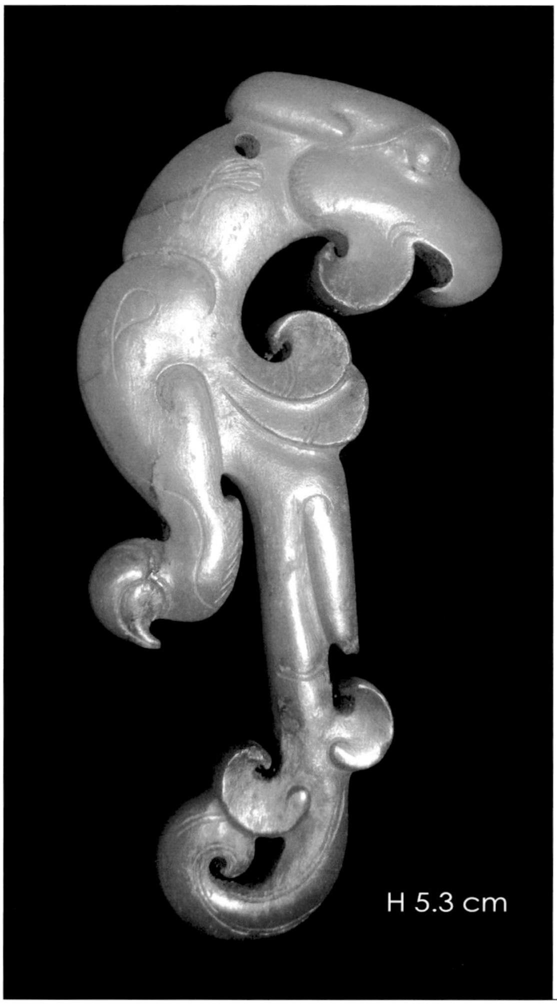

H 8.0 cm

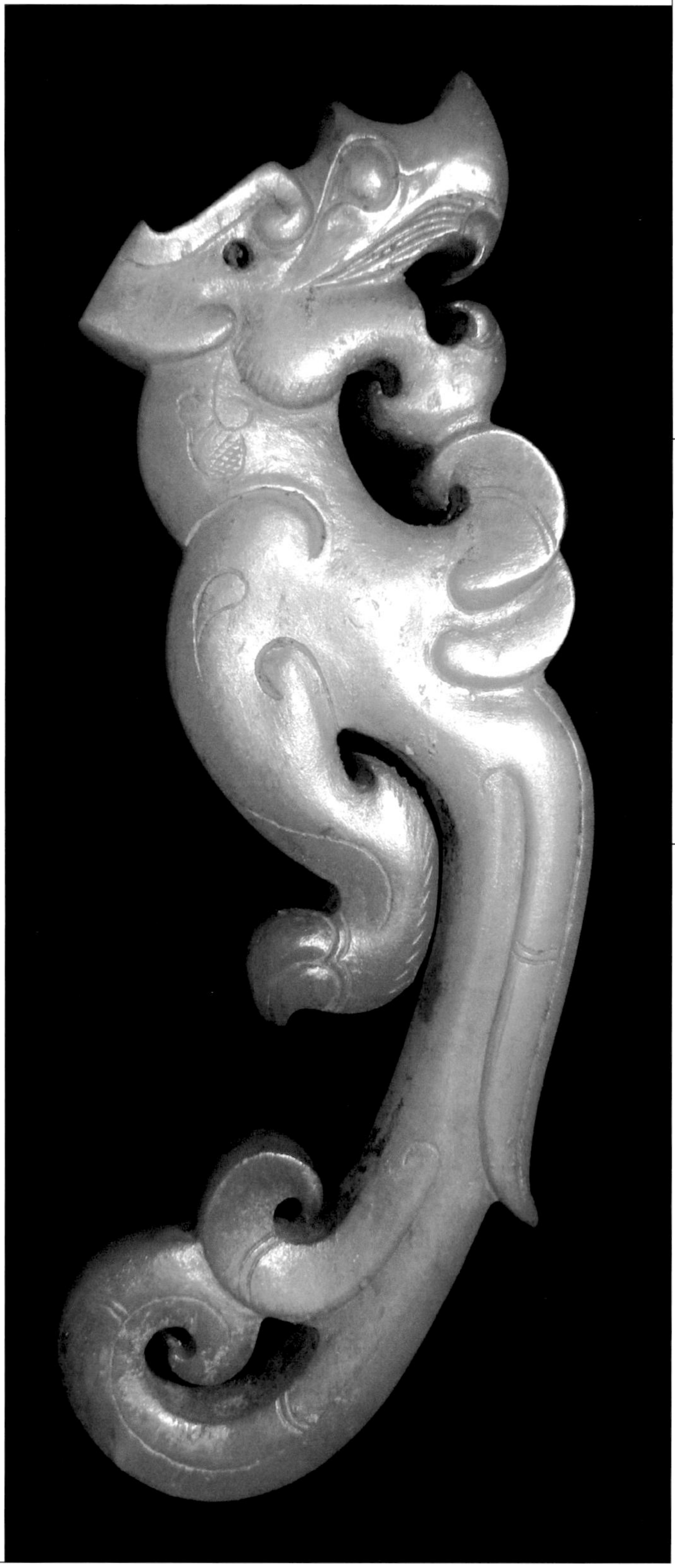

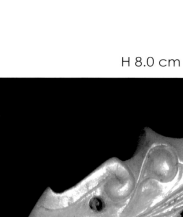

L 18.5 cm

L 12.6 cm

L 20.1 cm

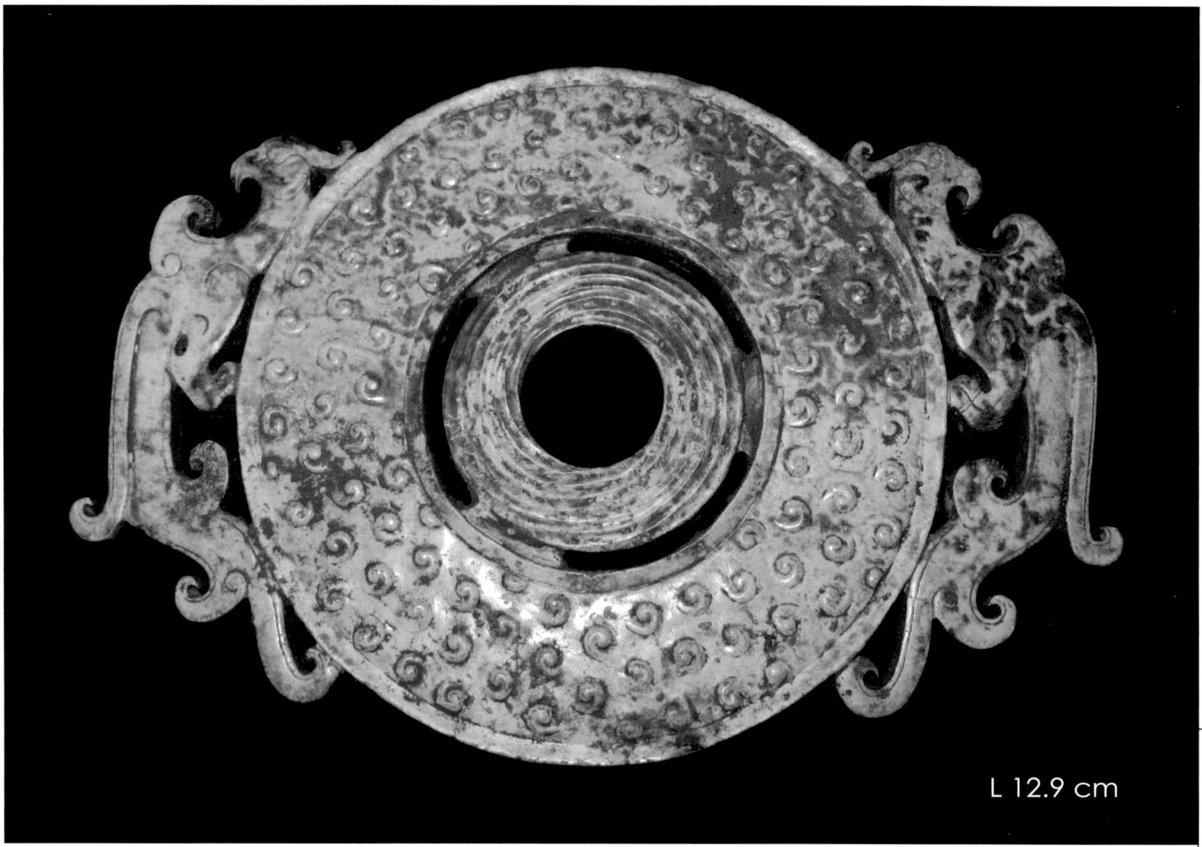
L 12.9 cm

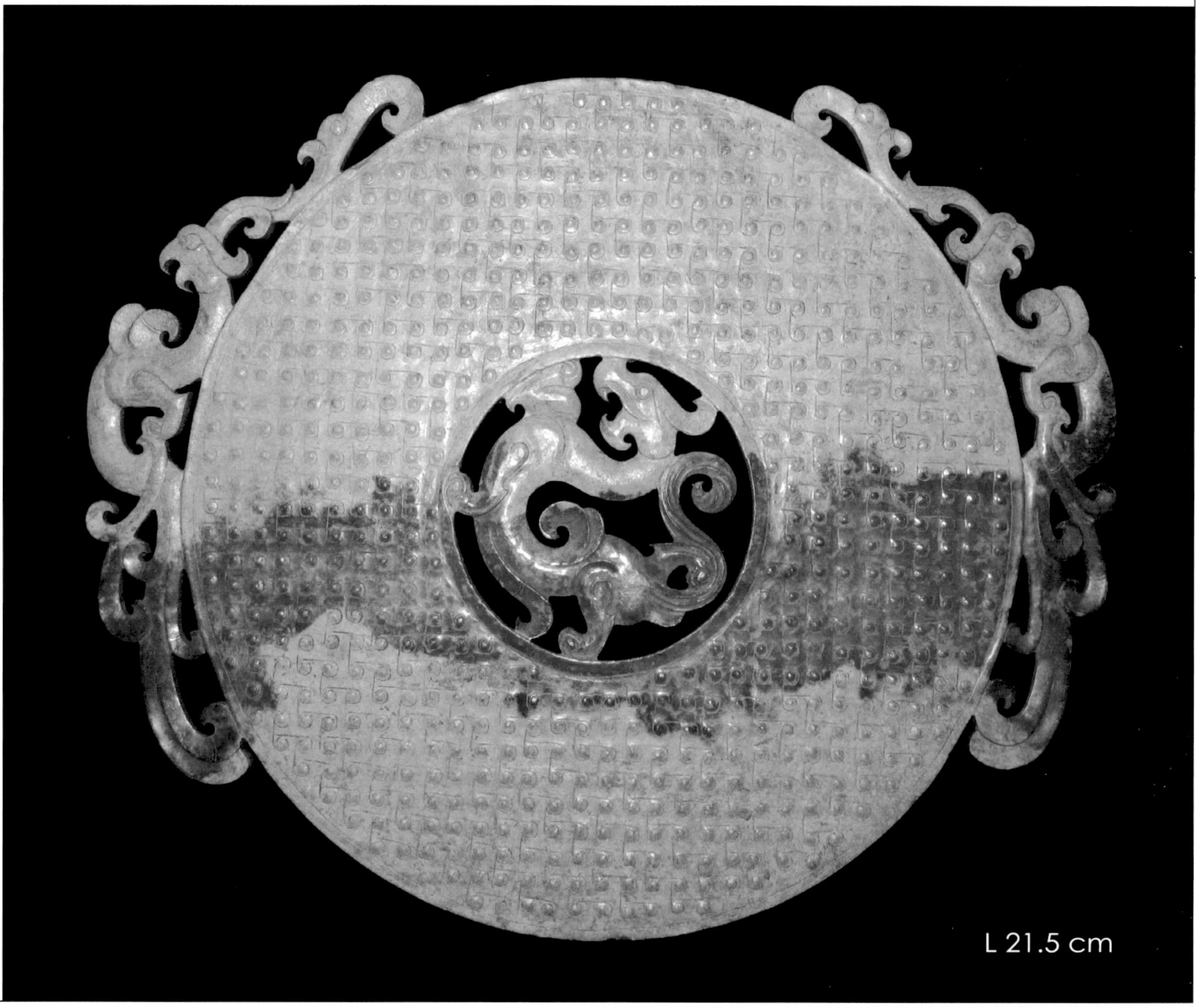
L 21.5 cm

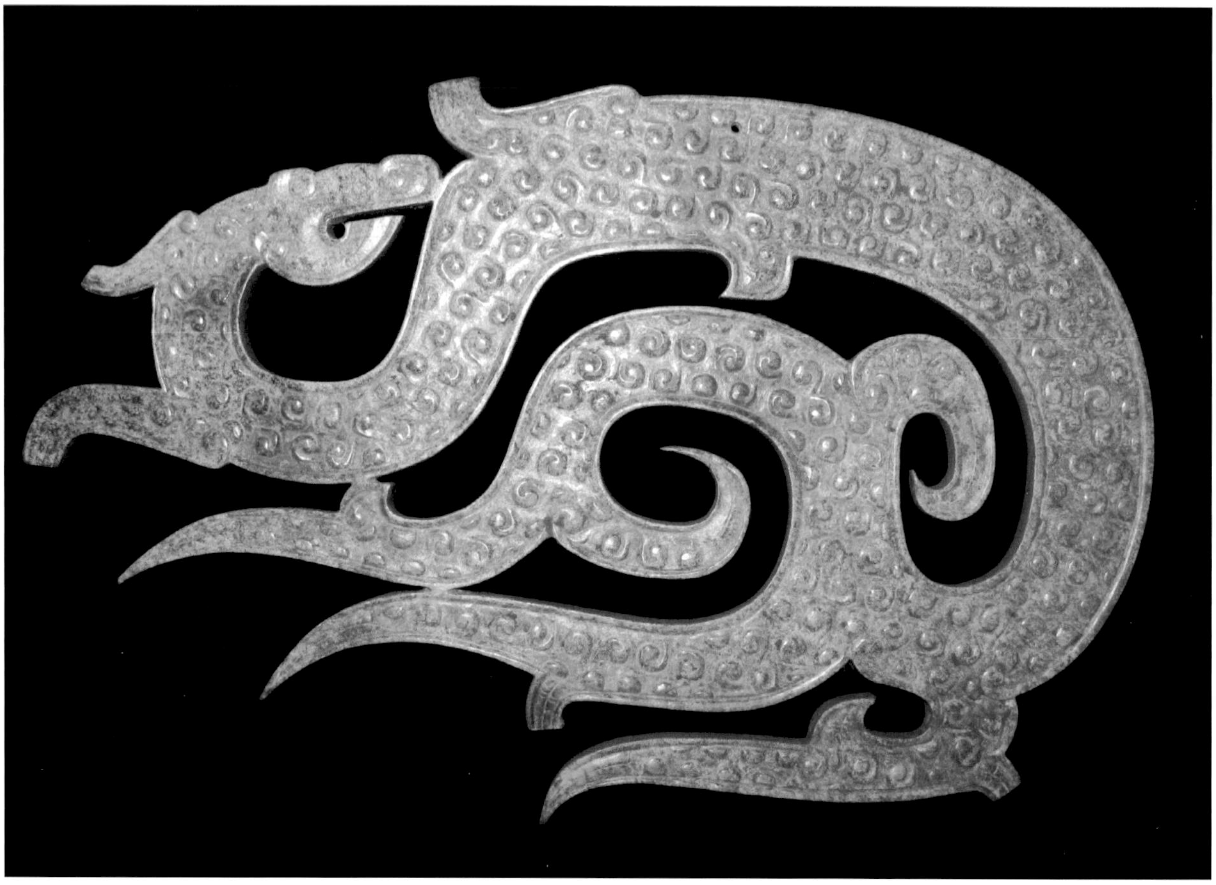

L 17.3 cm

L 14.3 cm

H 7.5 cm

H 16.7 cm

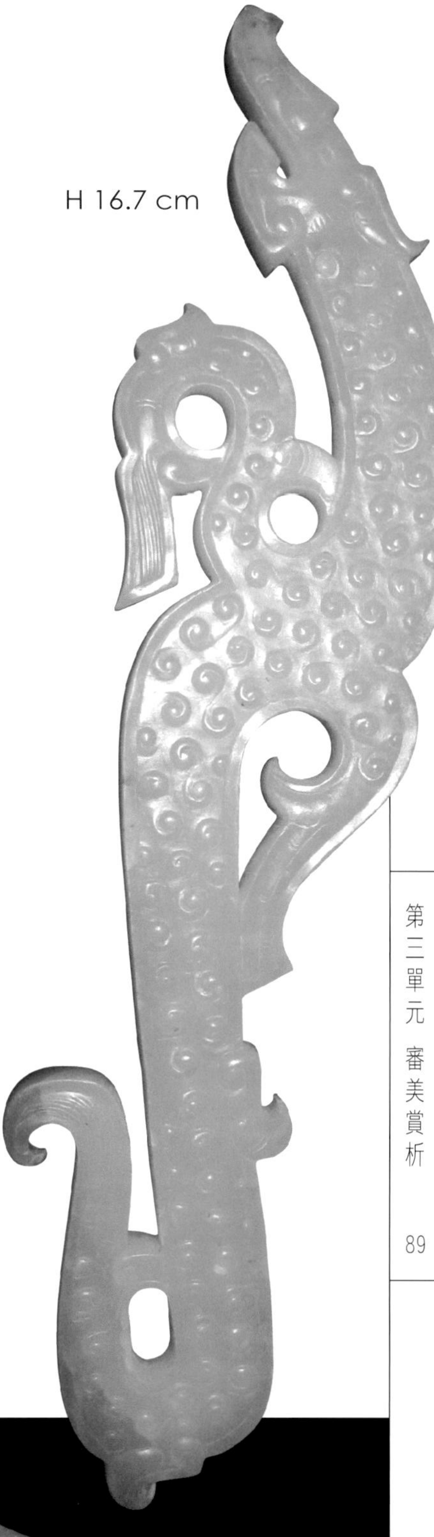

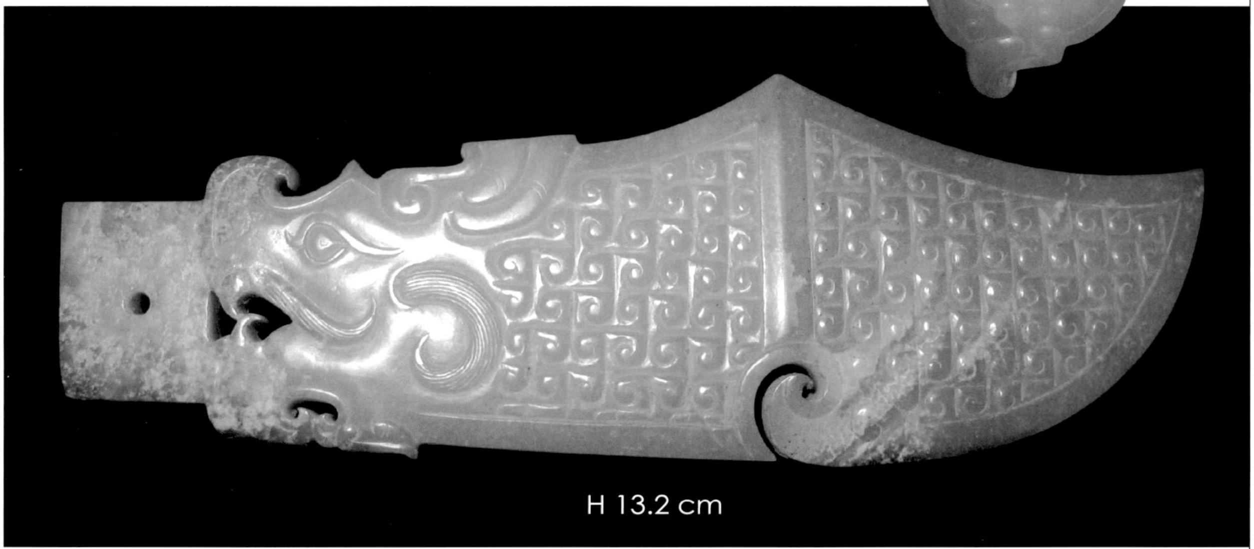

H 13.2 cm

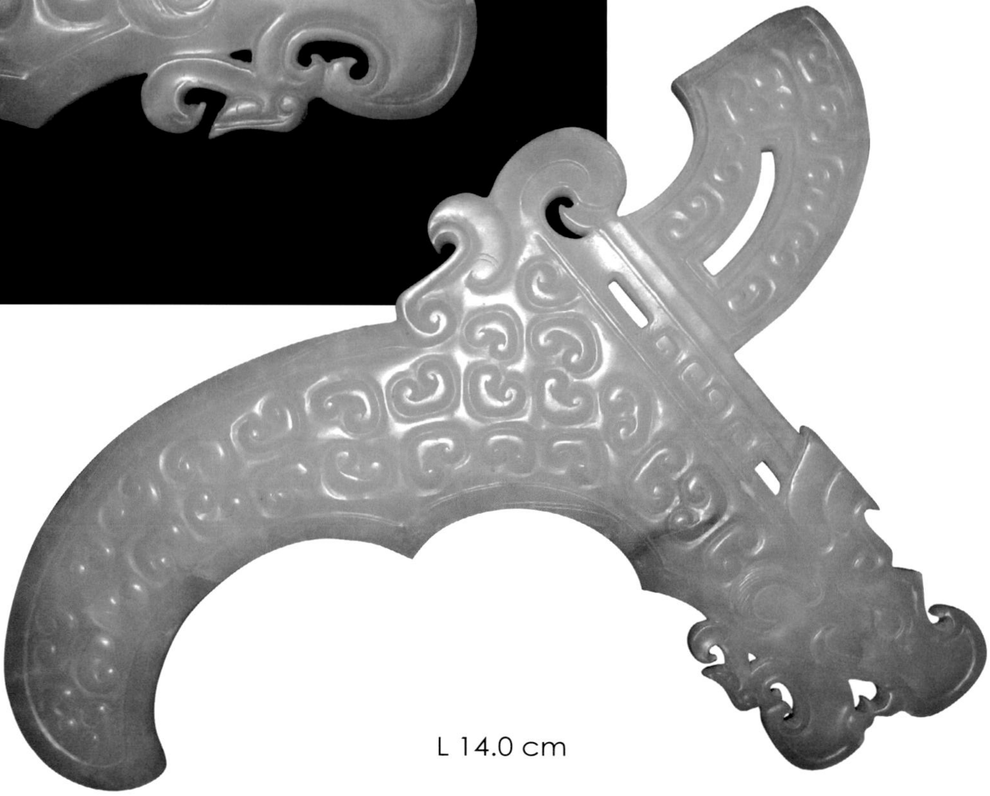

L 14.0 cm

L 6.4 cm

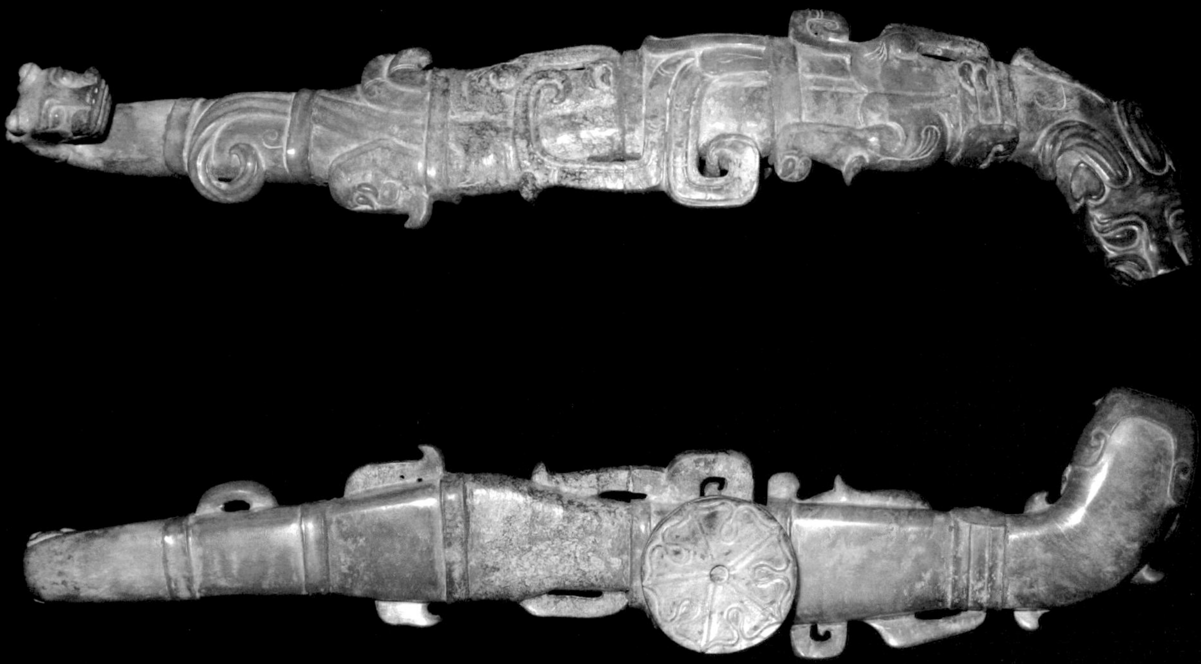

L 22.8 cm

L 22.3 cm

L 22.2 cm

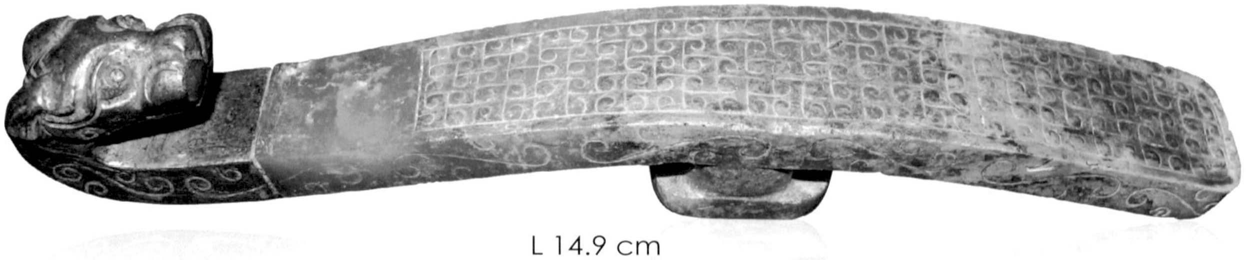

L 14.9 cm

L 27.6 cm

L 7.6 cm

L 11.3 cm

H 11.6 cm

H 10.5 cm

H 9.6 cm

H 10.8 cm

D 9.7 cm

D 12.5 cm

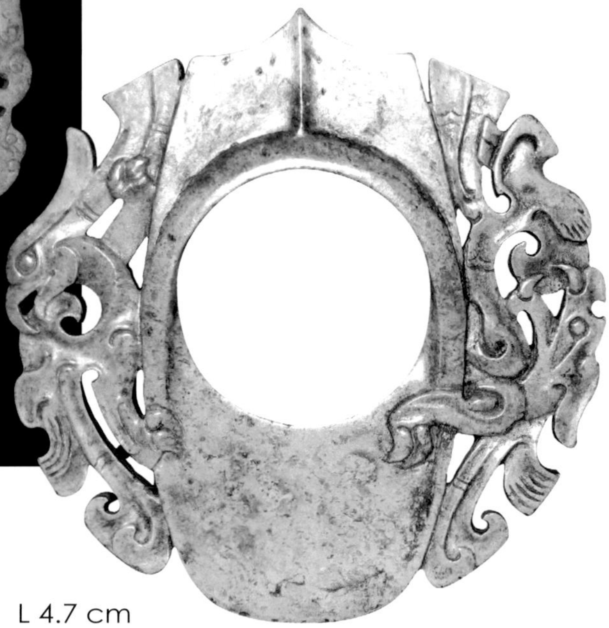

L 4.7 cm

L 8.6 cm

H 15.2 cm

D 19.8 cm

H 9.9 cm

H 20.3 cm

H 20.4 cm

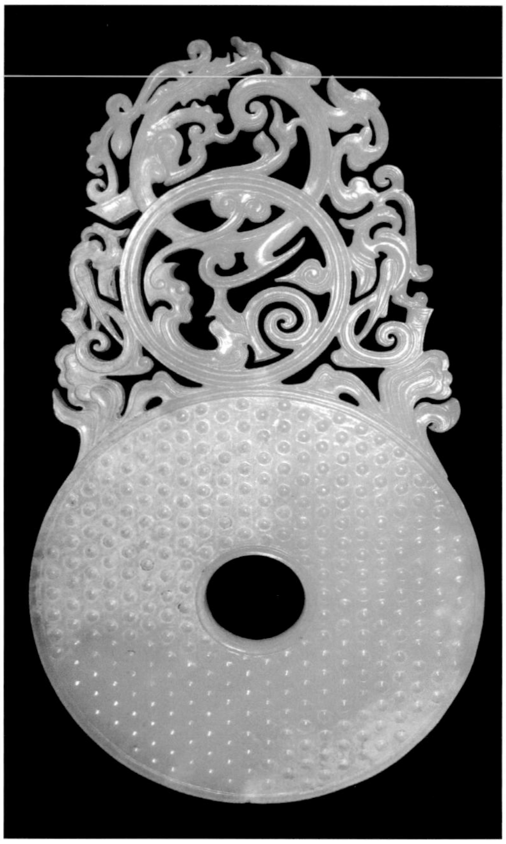

H 7.5 cm

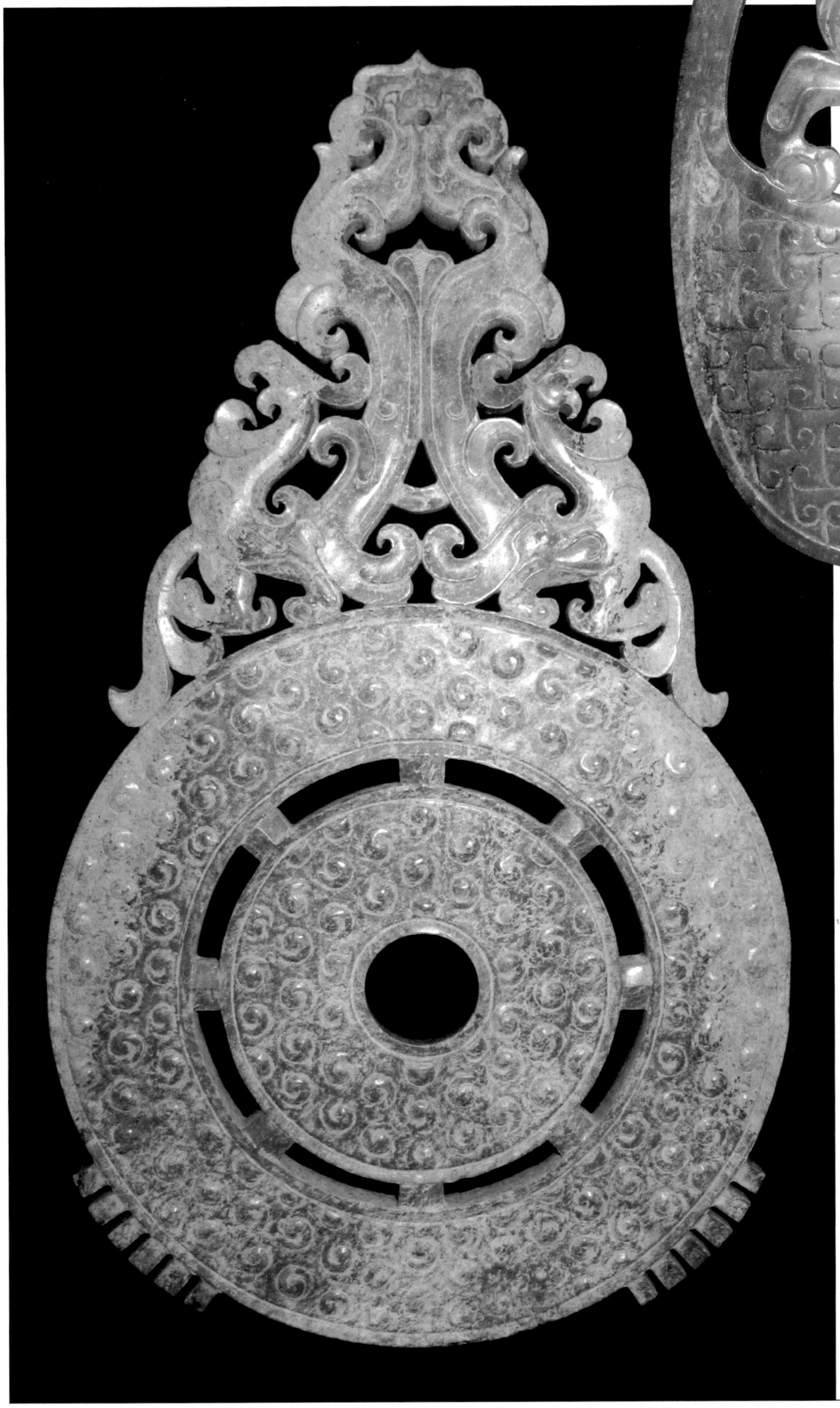

H 18.5 cm

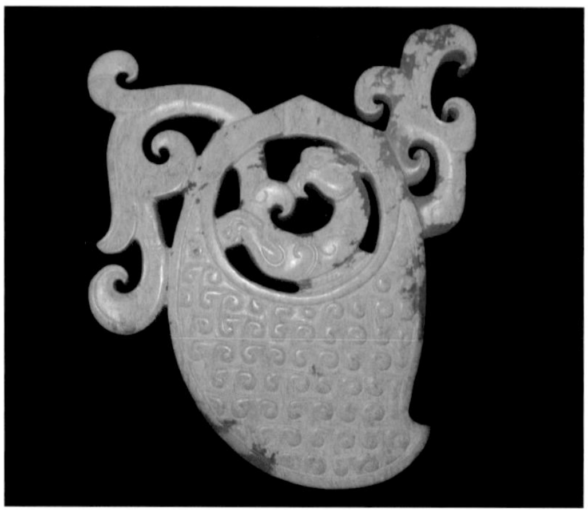

L 6.4 cm

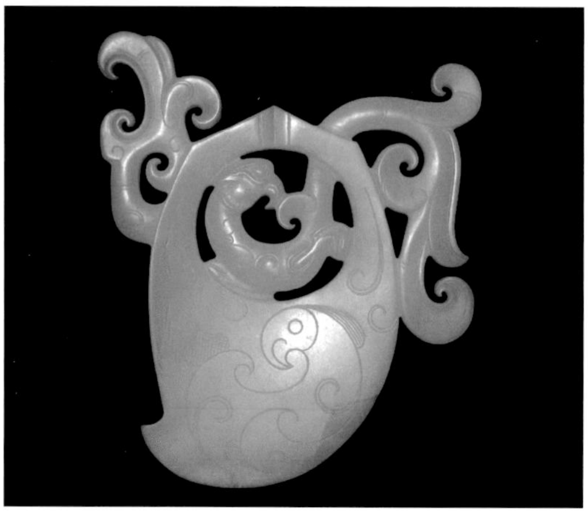

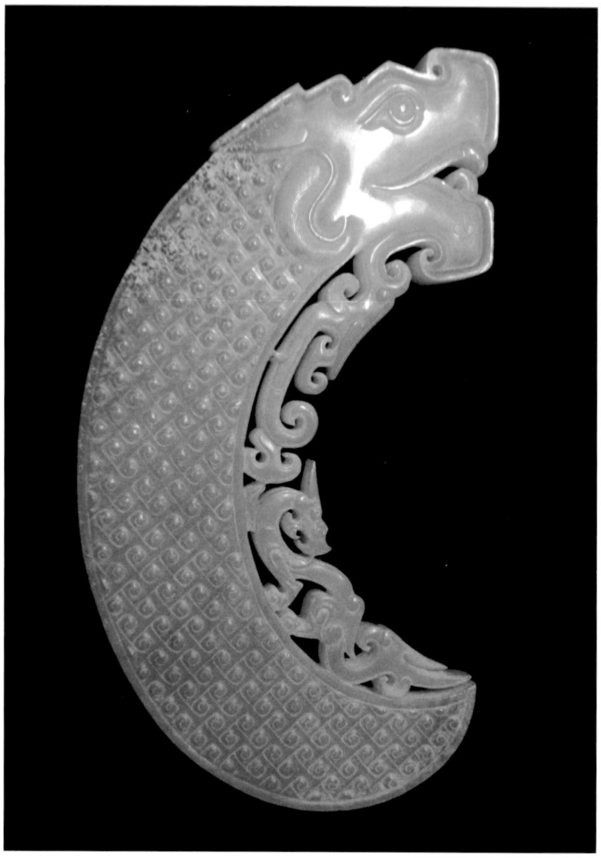

H 15.9 cm

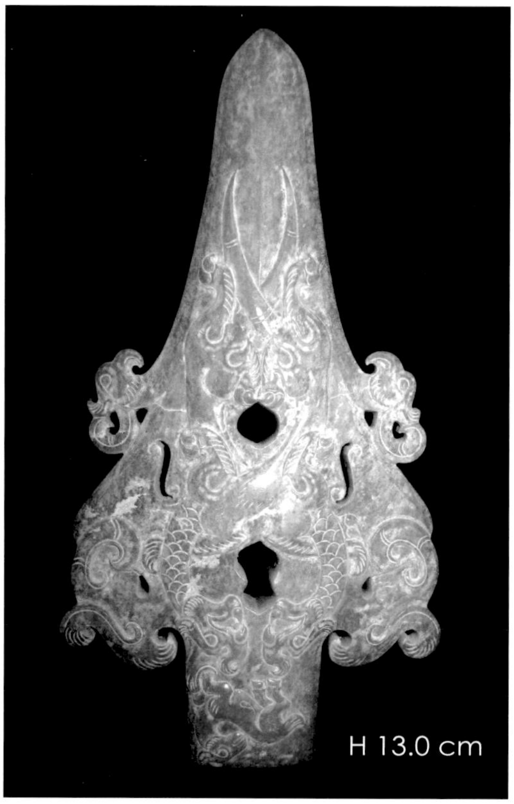

H 13.0 cm

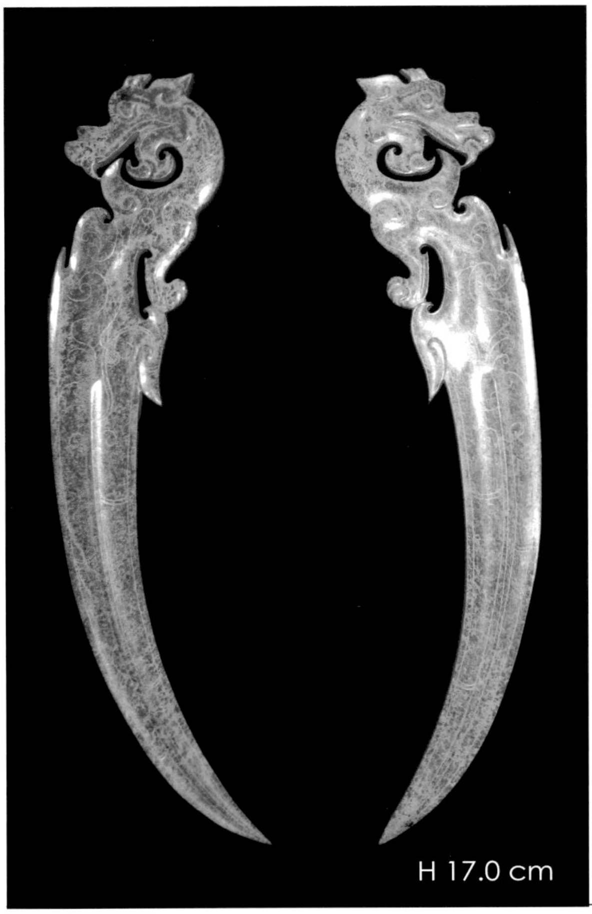

H 17.0 cm

H 12.3 cm

L 13.1 cm

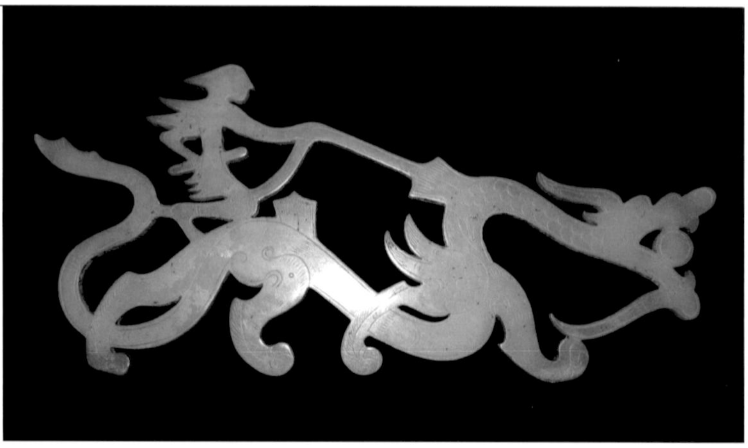

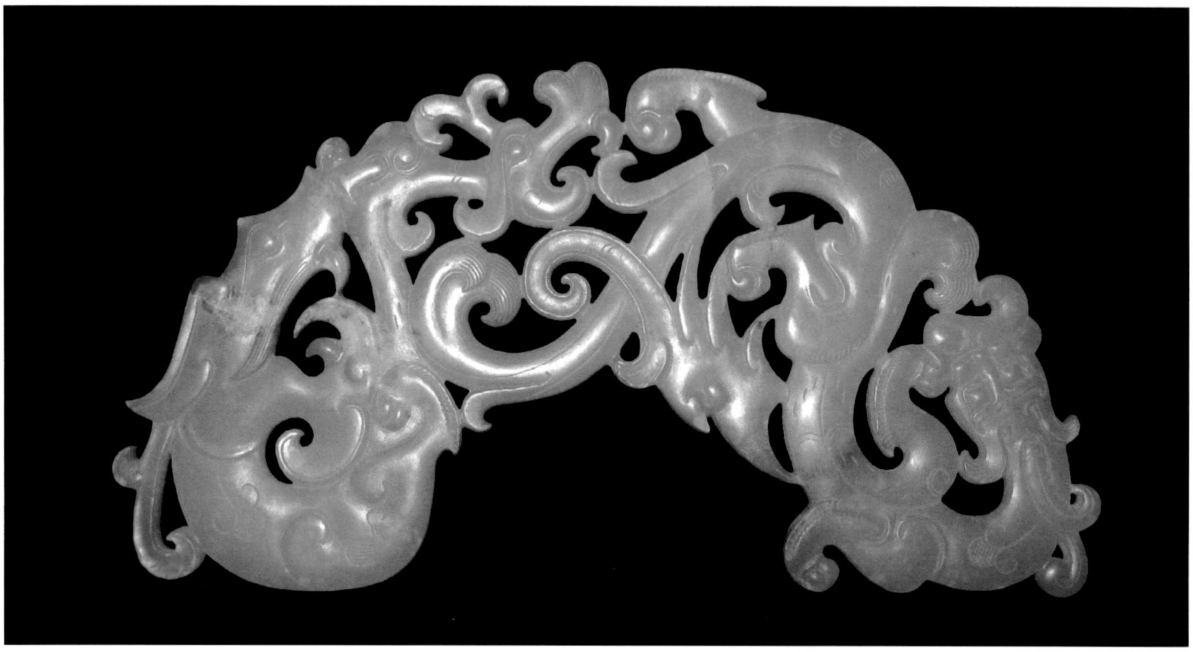

L 12.3 cm

L 10.1 cm

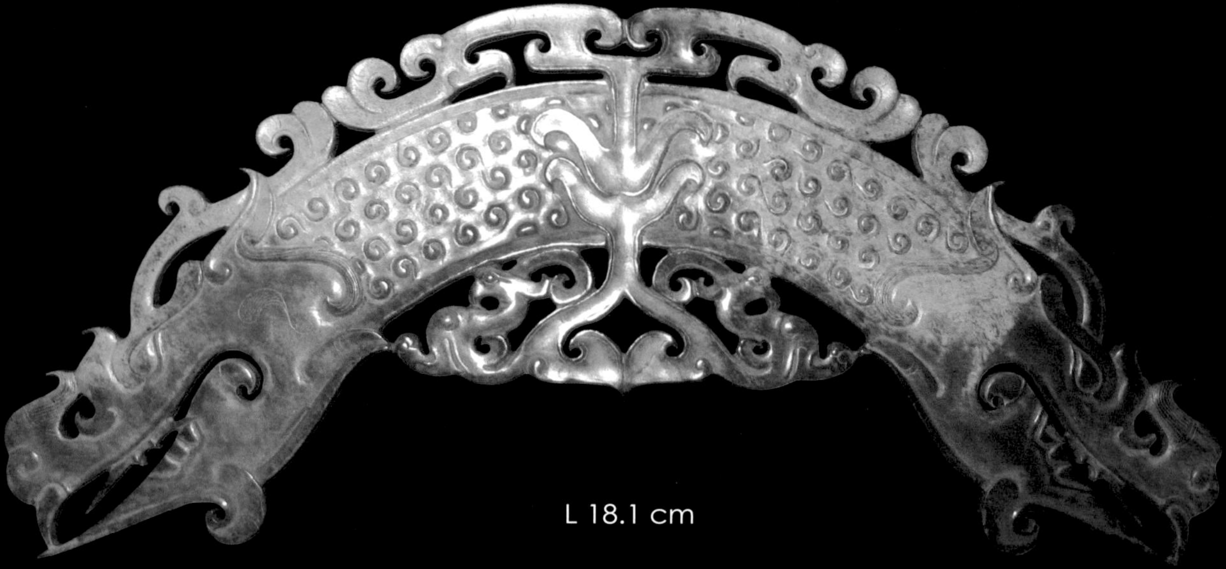

L 18.1 cm

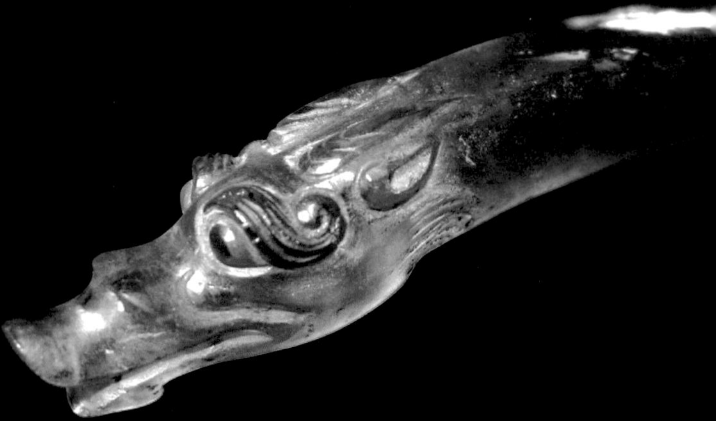

L 8.8 cm

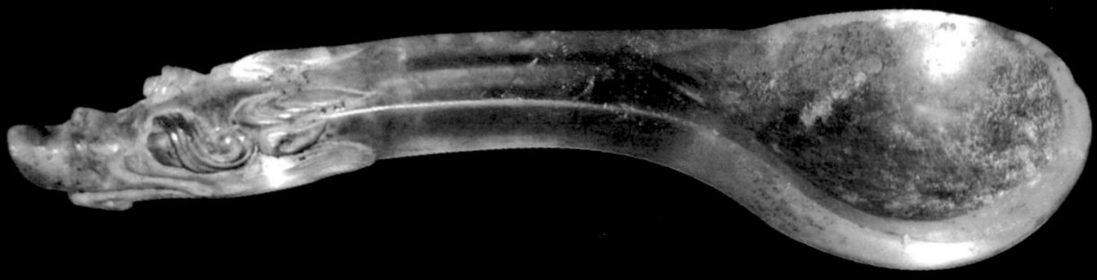

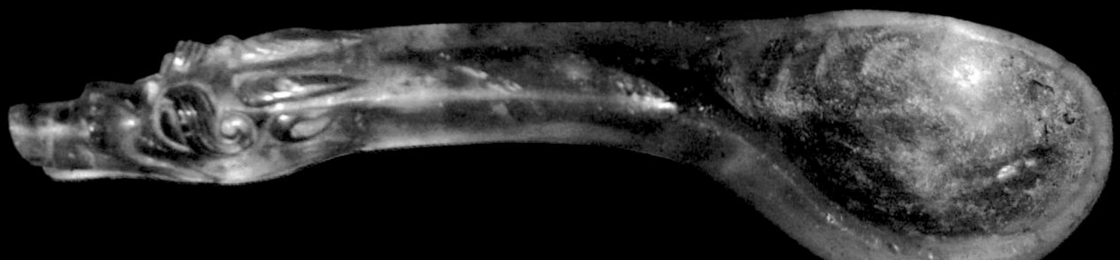

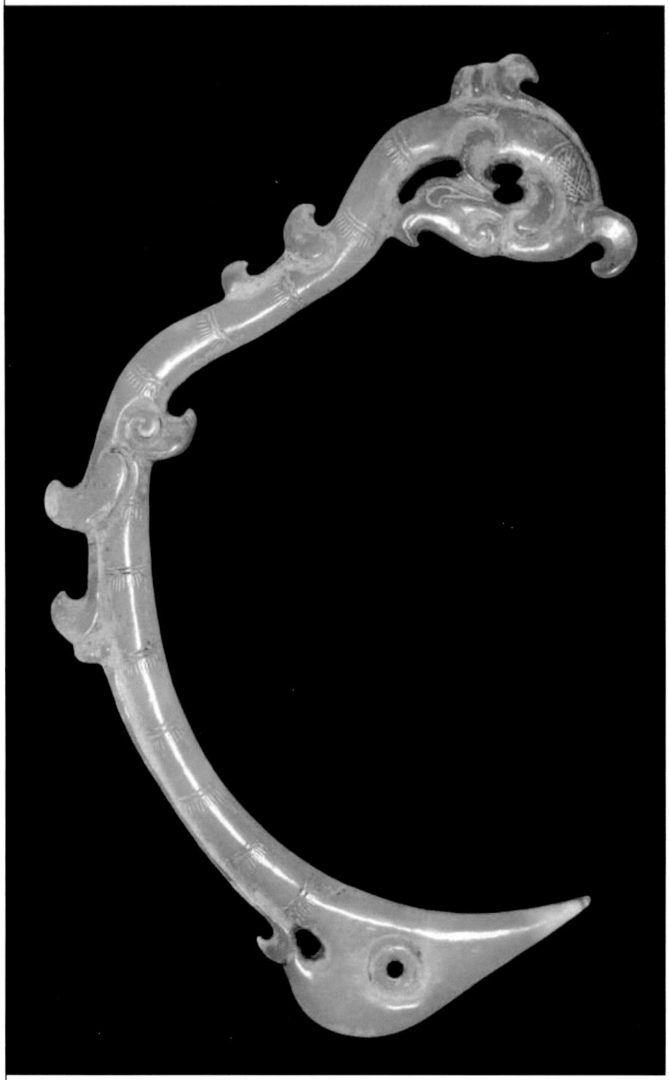

H 12.3 cm

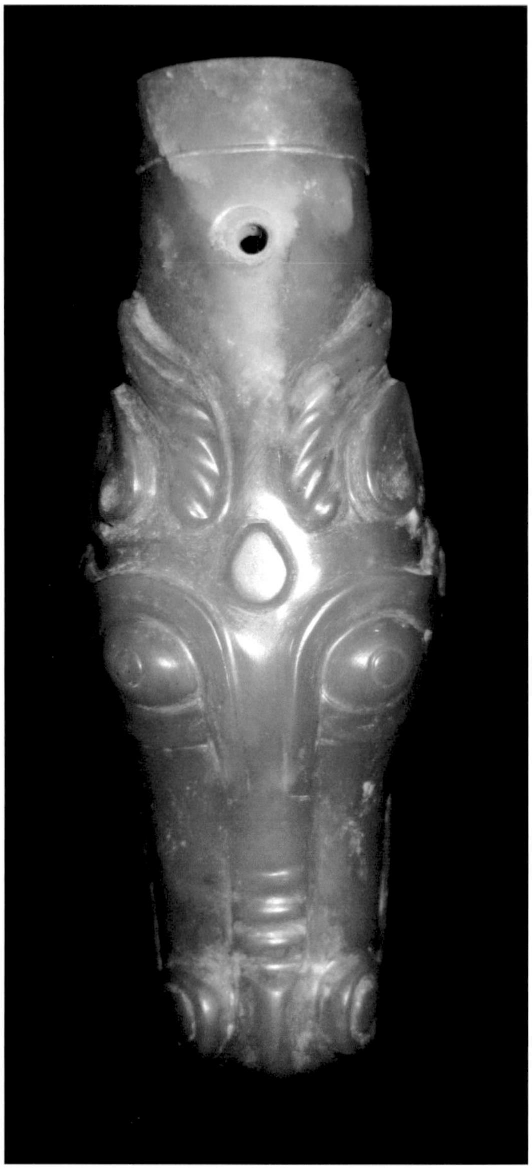

L 9.5 cm

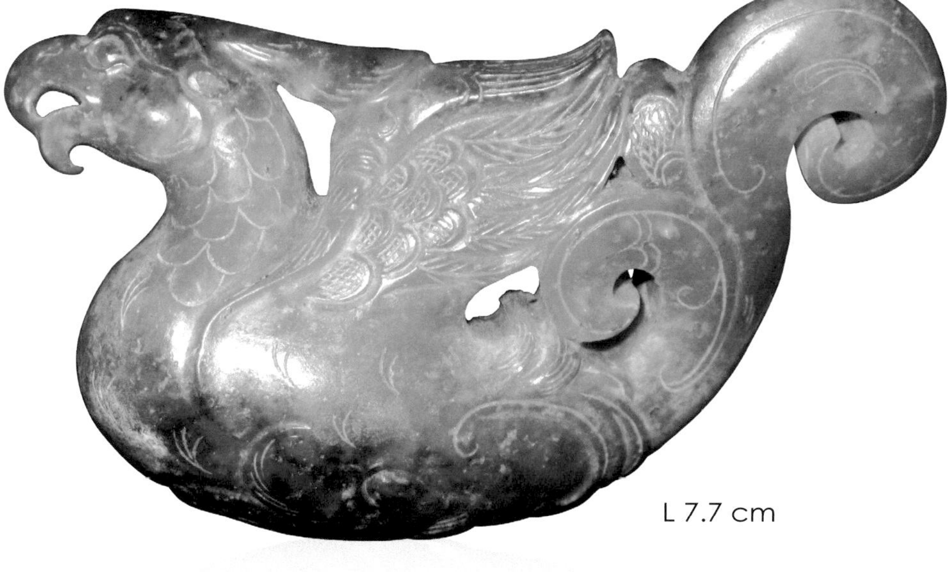
L 7.7 cm

L 10.1 cm, H 6.4 cm

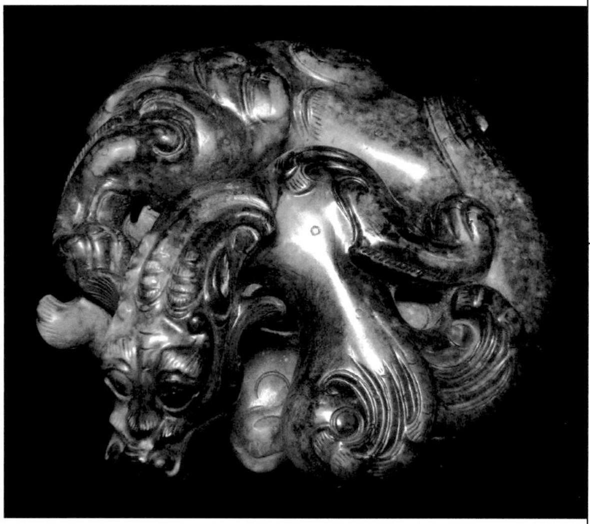
L 9.0 cm

L 14.9 cm

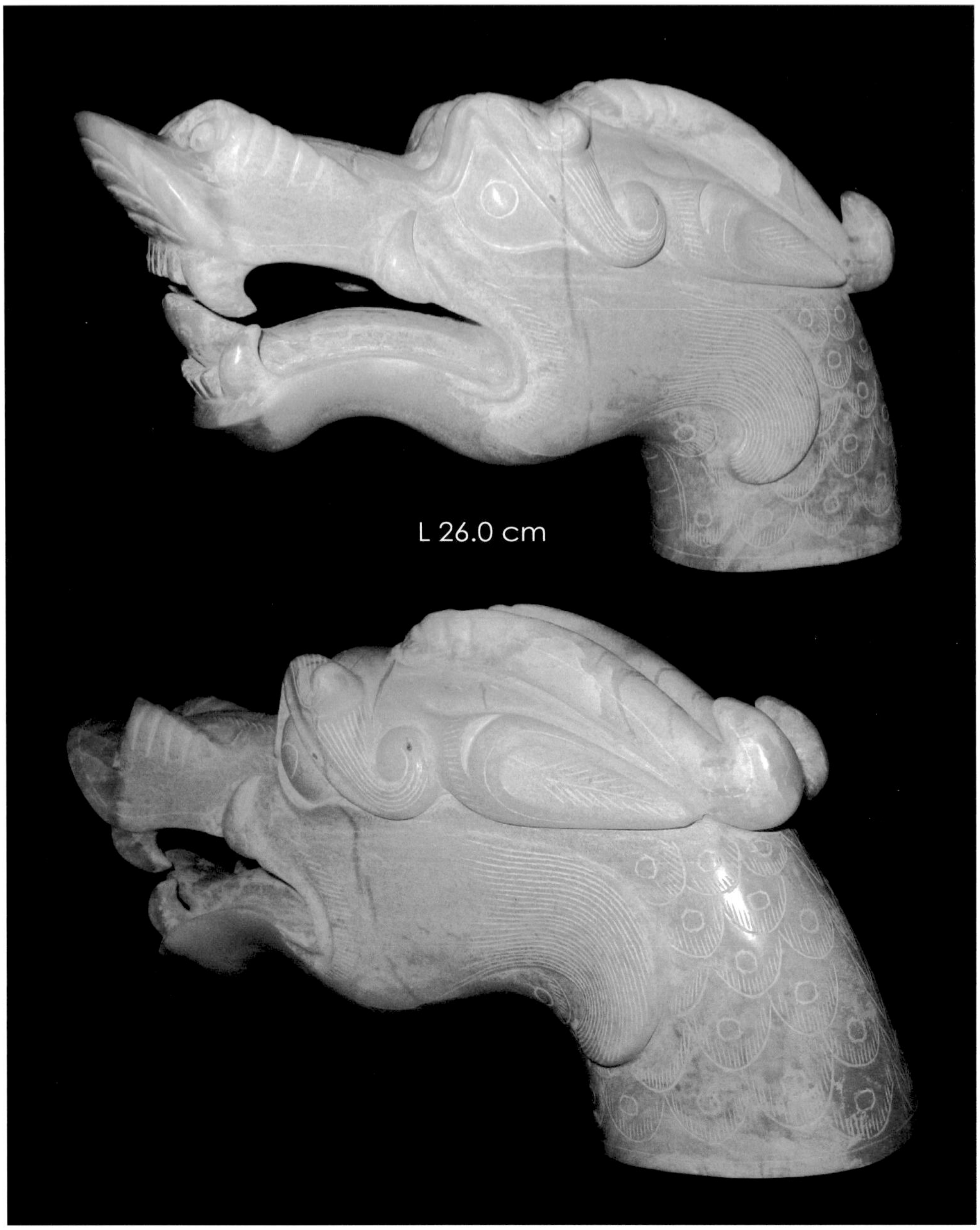

L 26.0 cm

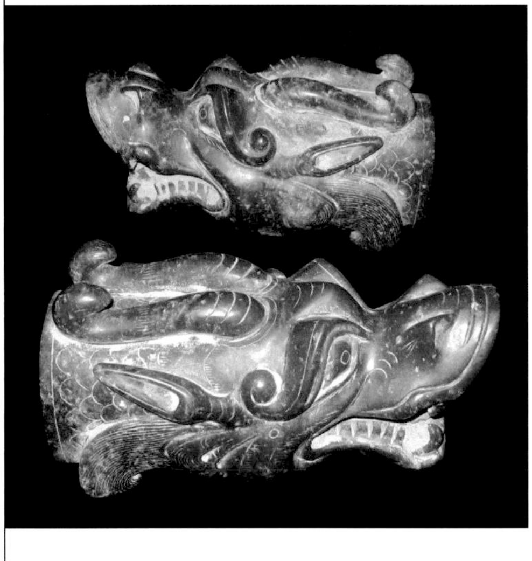

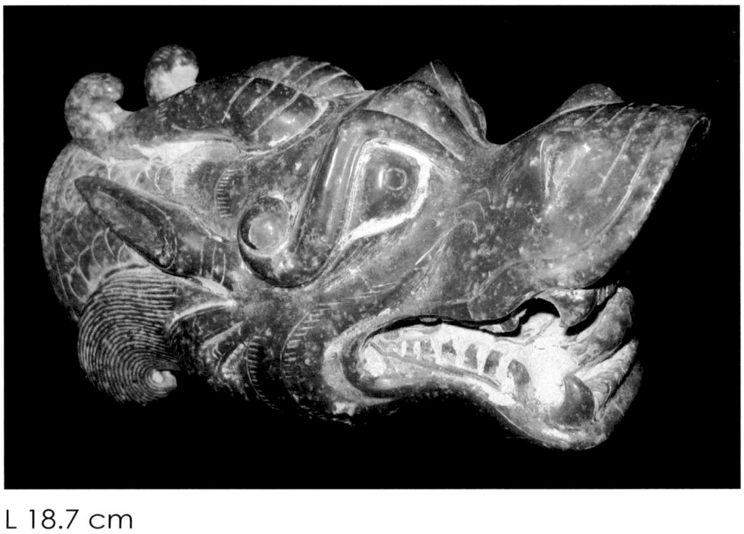

L 18.7 cm

H 12.5 cm

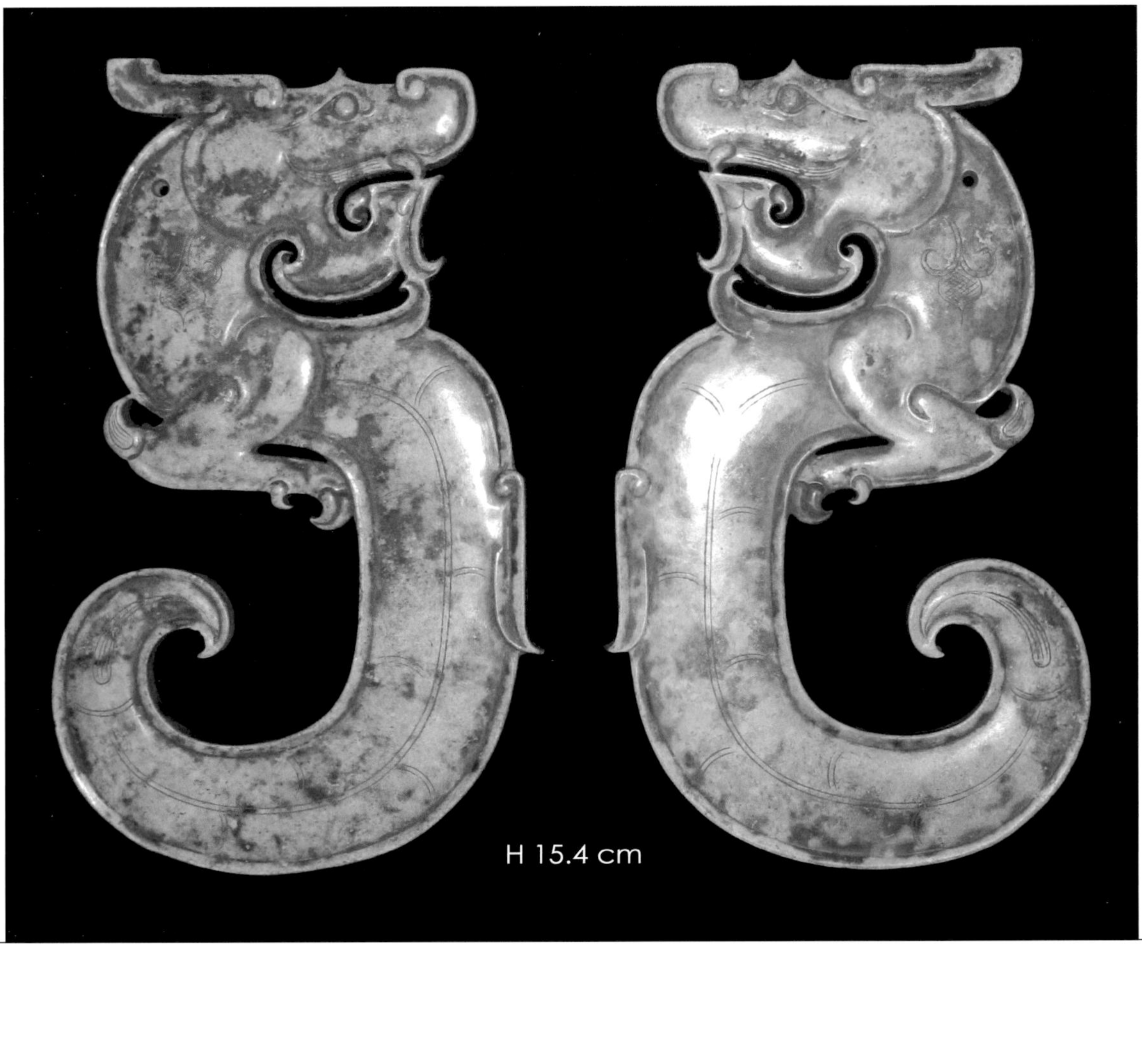
H 15.4 cm

L 6.2 cm

L 9.2 cm, H 7.2 cm

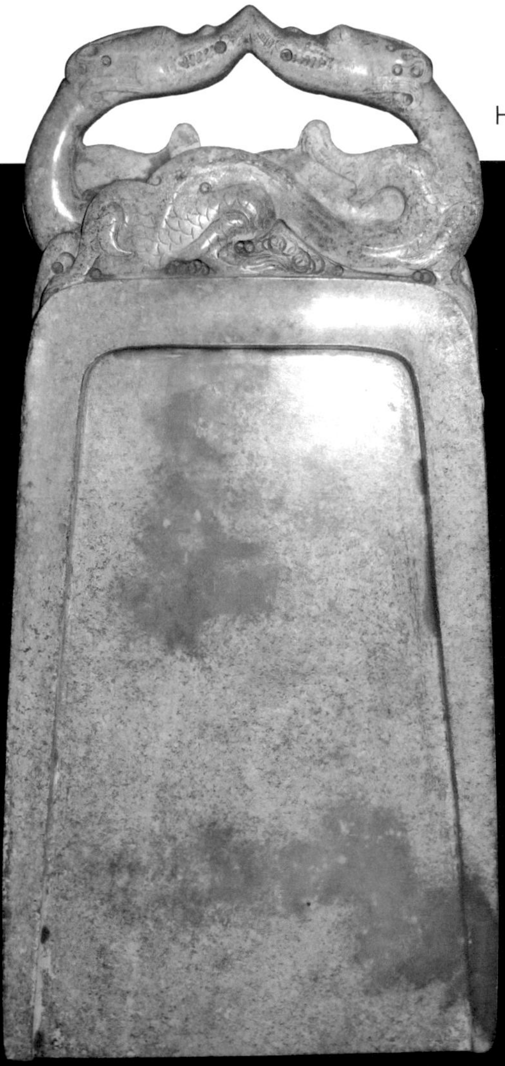

H 19.6 cm

L 7.6 cm

L 10.3 cm, W 7.9 cm, H 6.2 cm

H 5.0 cm

H 5.2 cm

H 10.7 cm

L 15.5 cm

L 11.0 cm

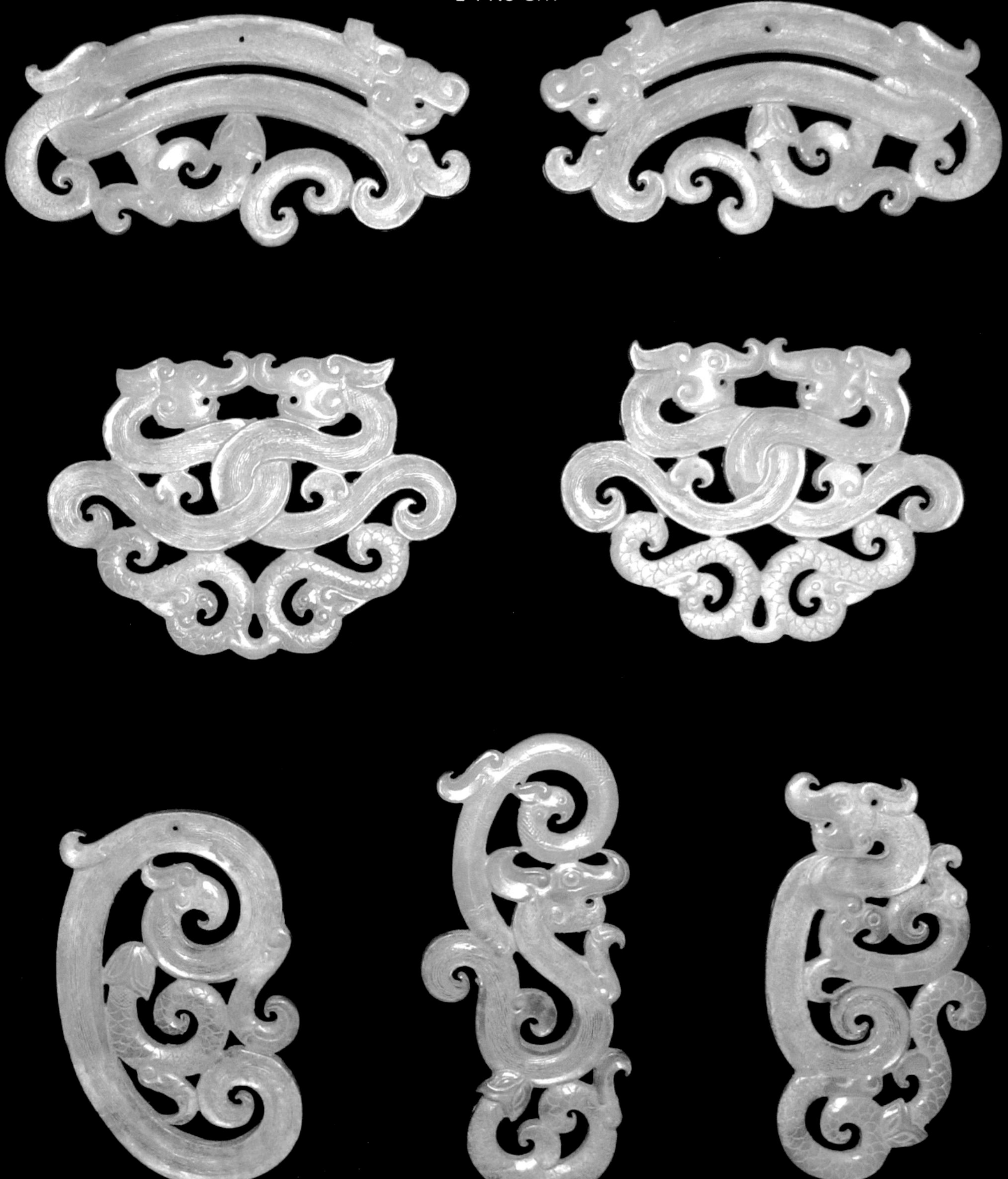

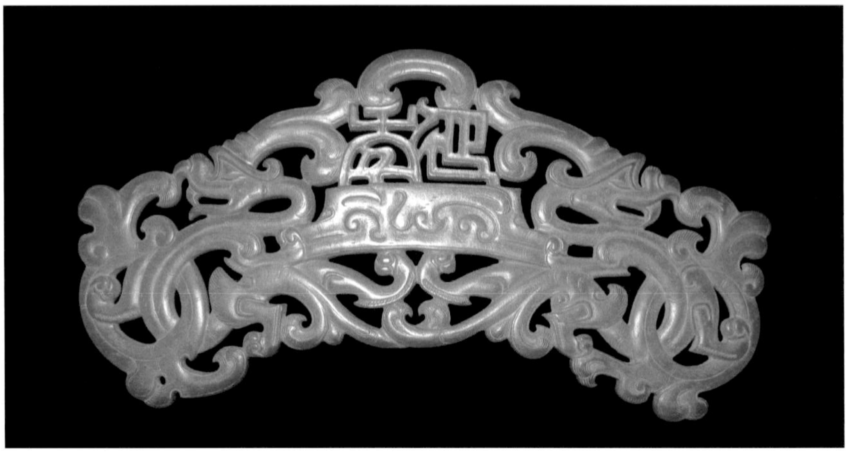

L 14.1 cm

H 13.5 cm

D 20.8 cm

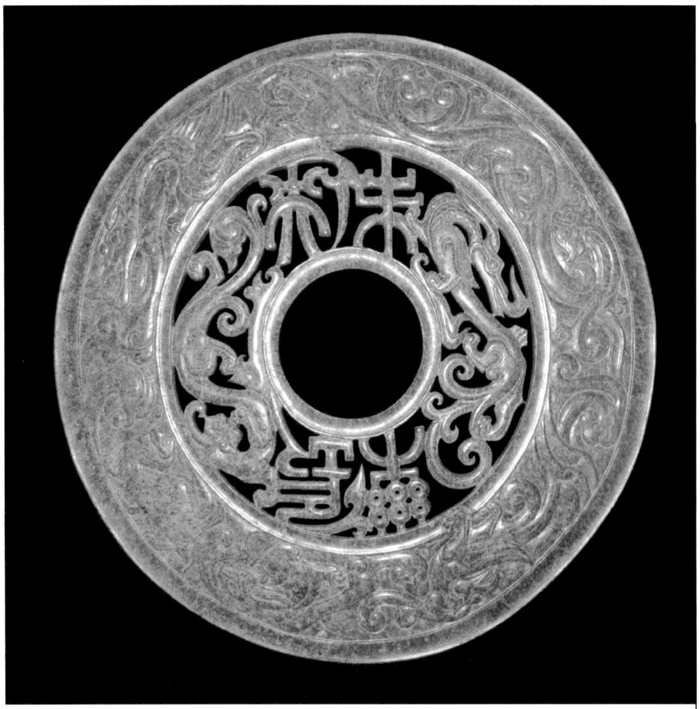

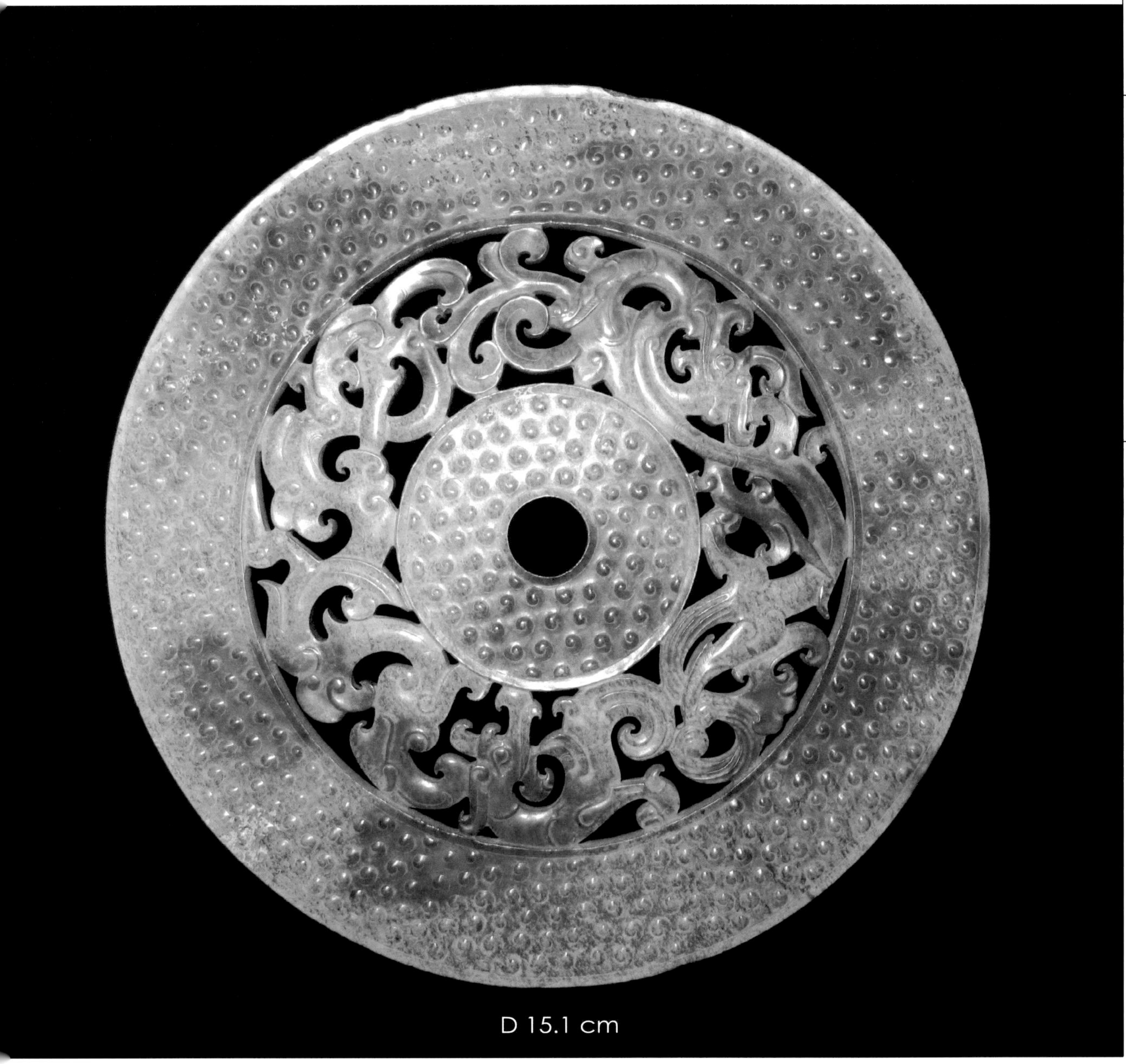

D 15.1 cm

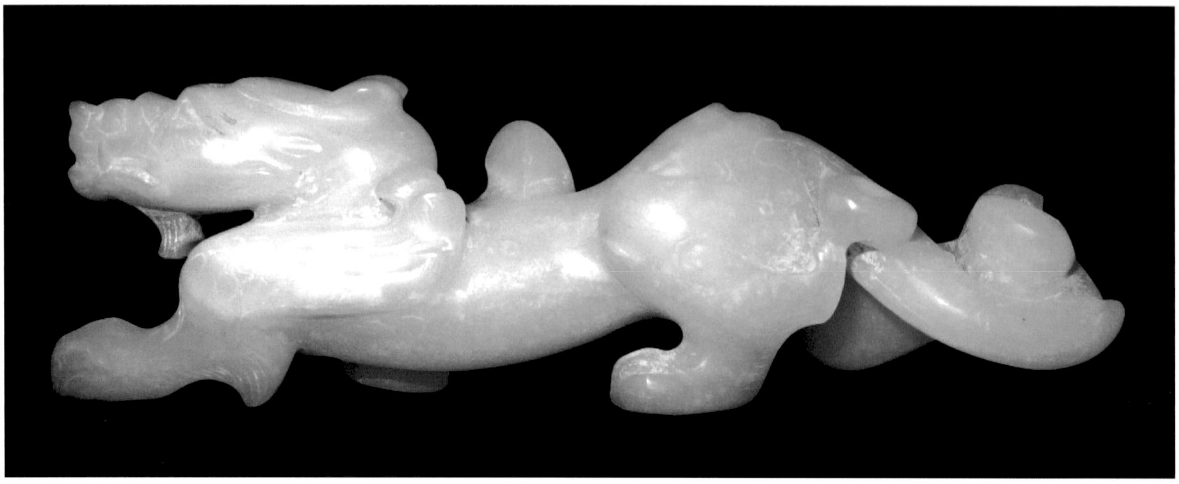

L 10.1 cm

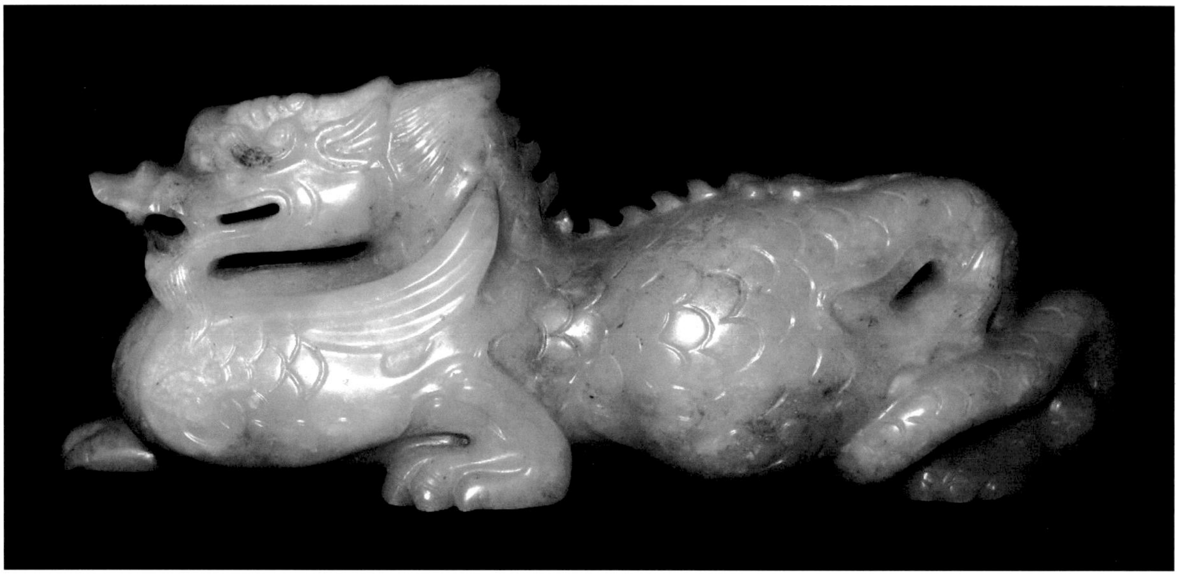

L 11.5 cm

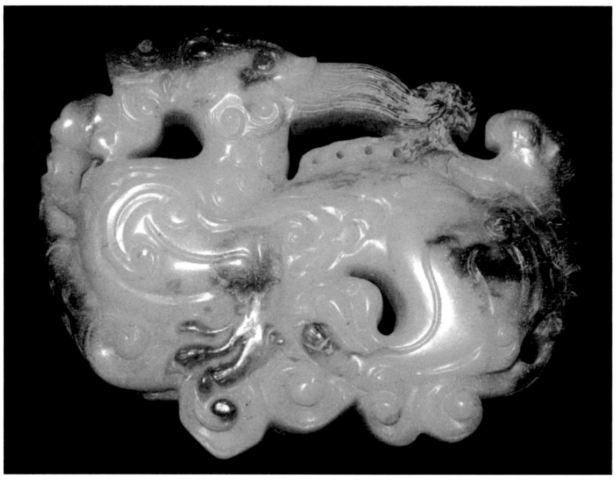

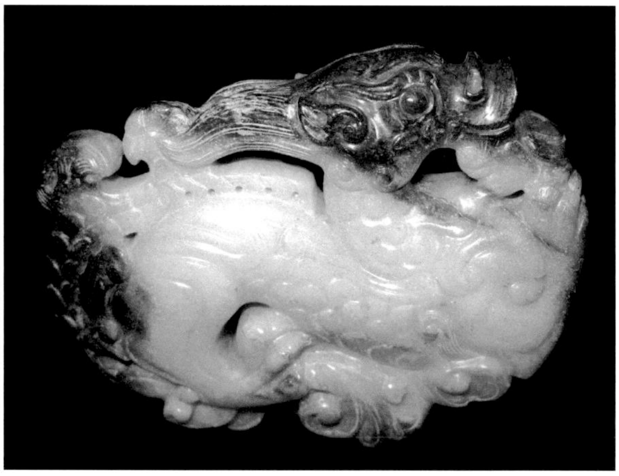

L 8.2 cm

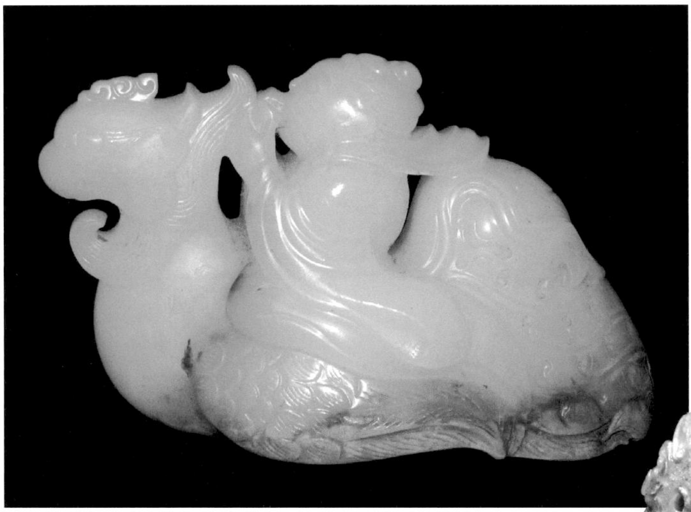

L 7.5 cm, H 4.9 cm

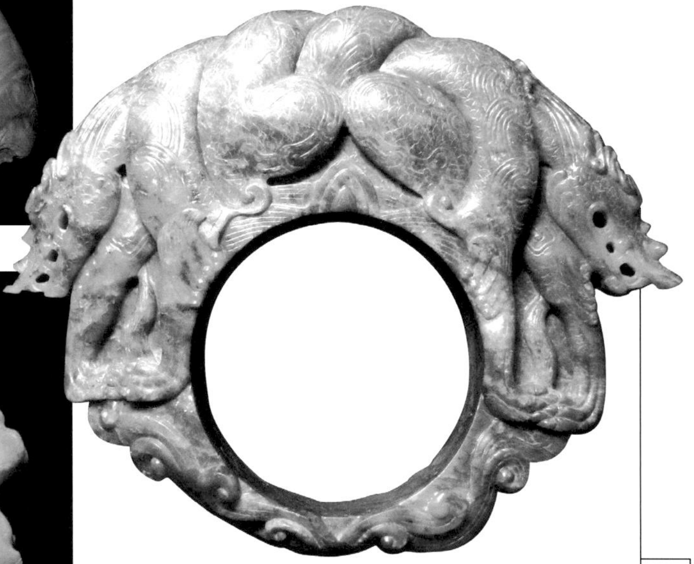

L 19.0 cm

L 9.4 cm

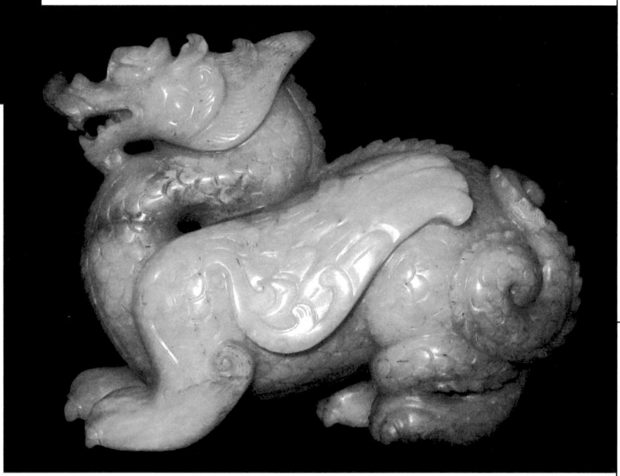

L 12.1 cm

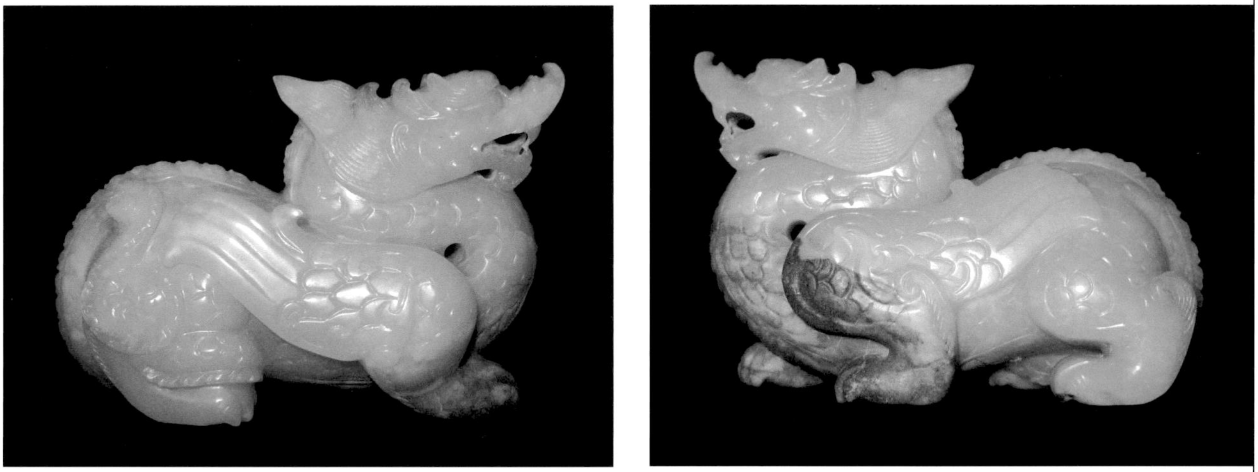

L 9.5 cm, H 6.6 cm

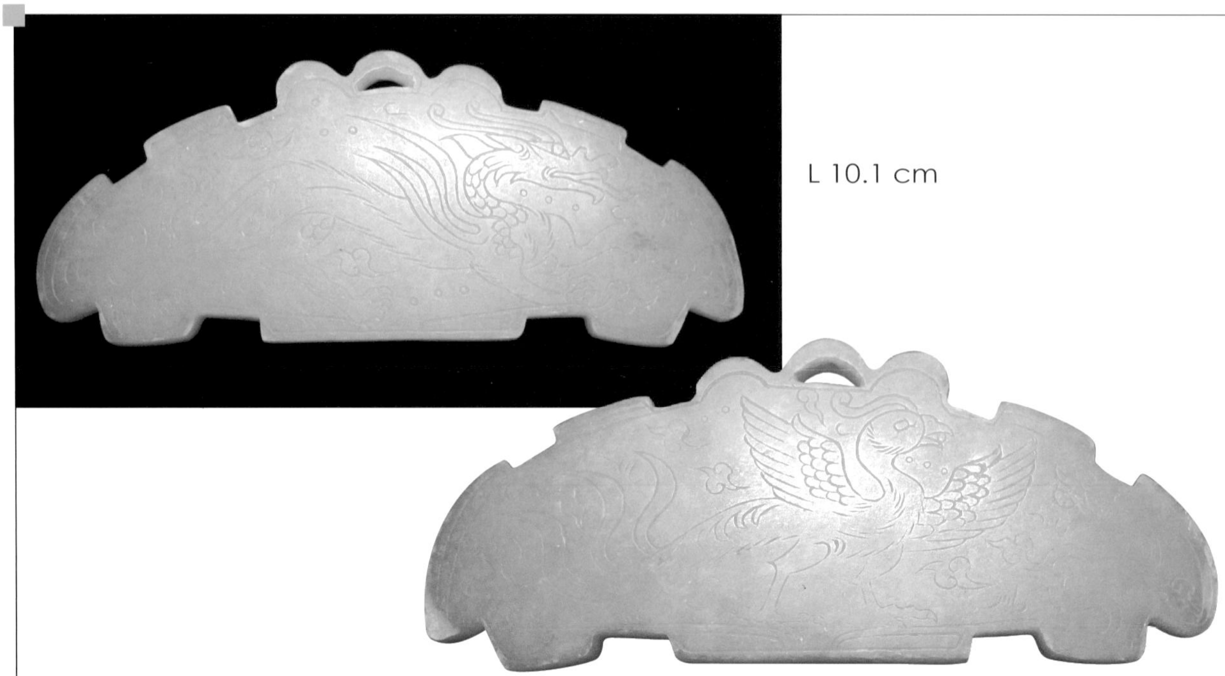

L 10.1 cm

H 13.3 cm

H 17.6 cm

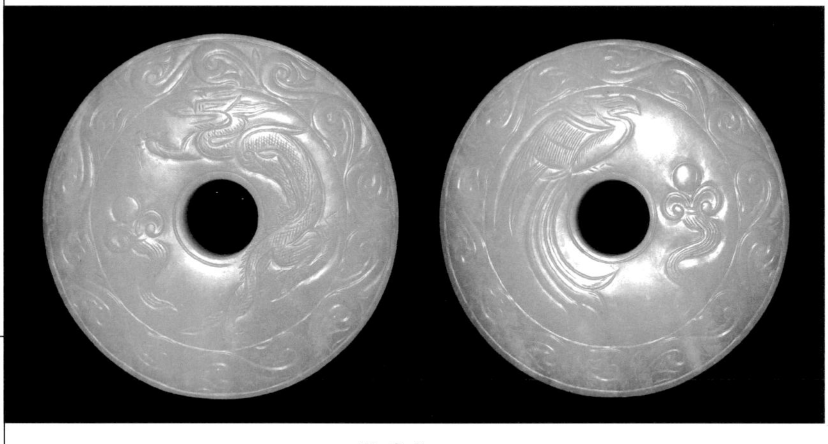

D 8.1 cm

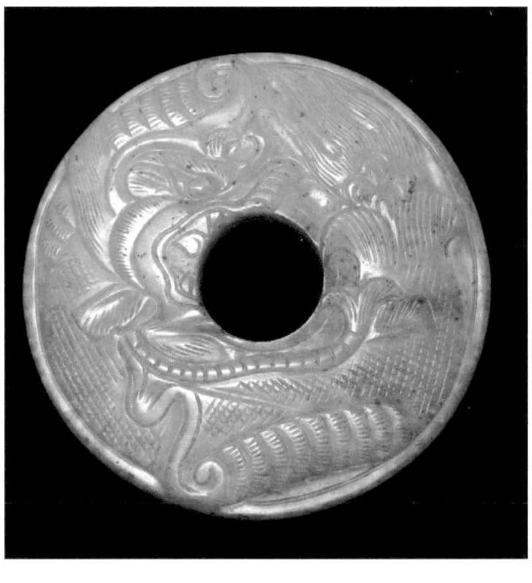

D 5.7 cm

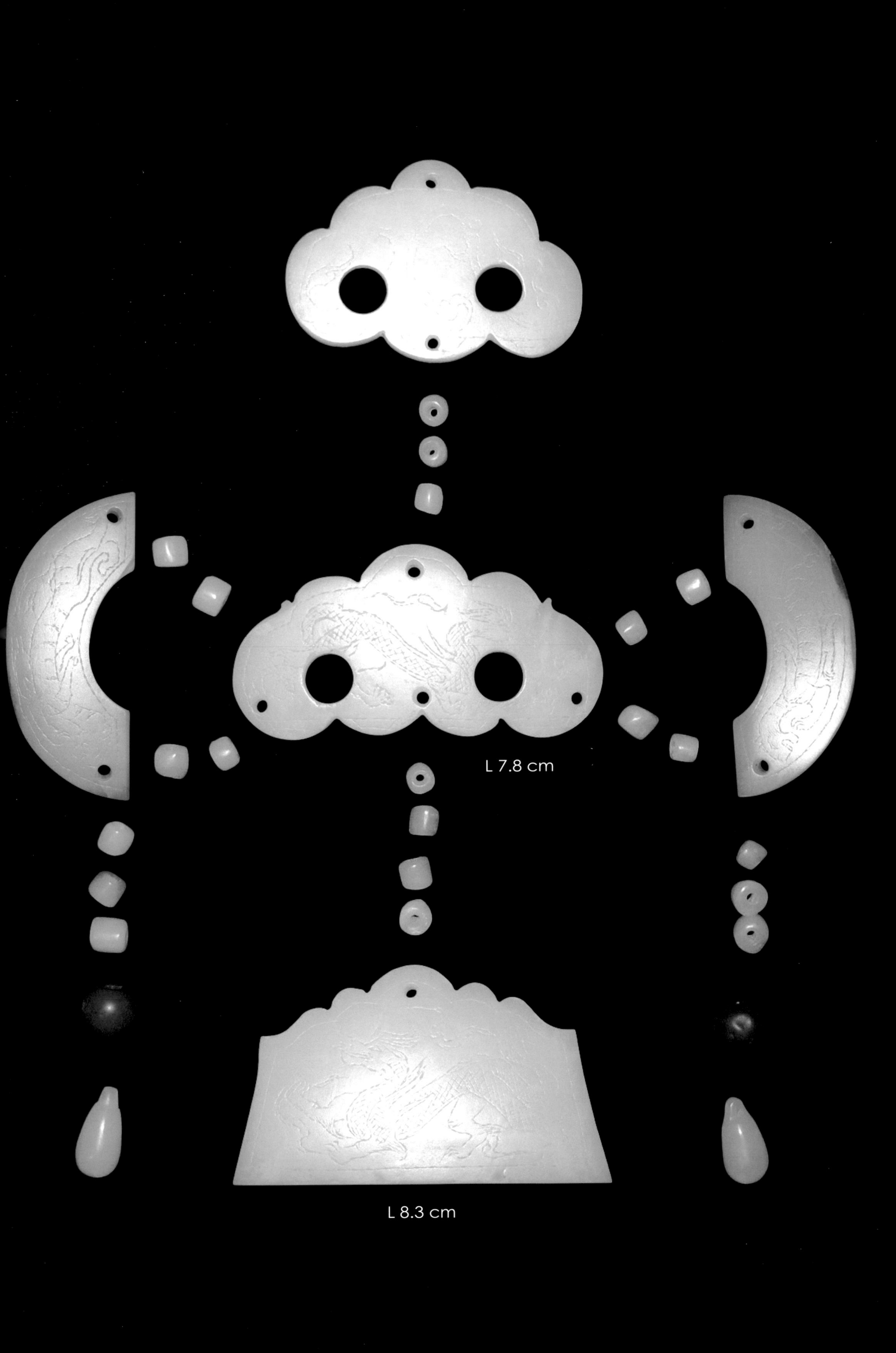
L 7.8 cm
L 8.3 cm

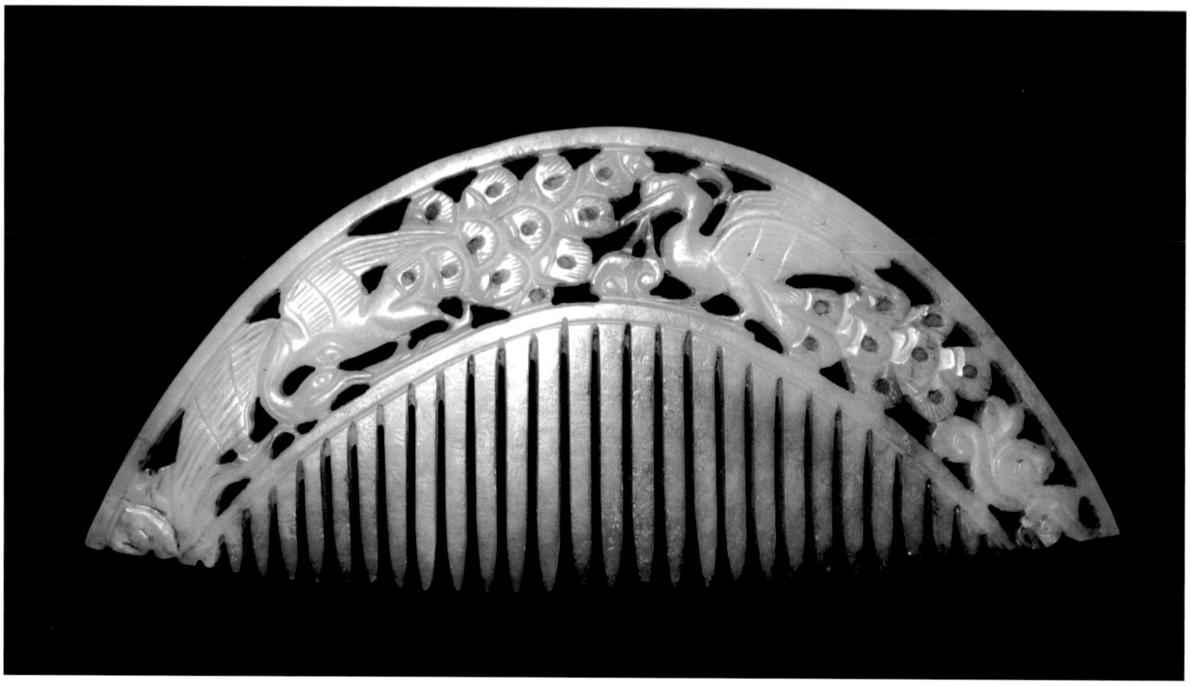

L 12.7 cm

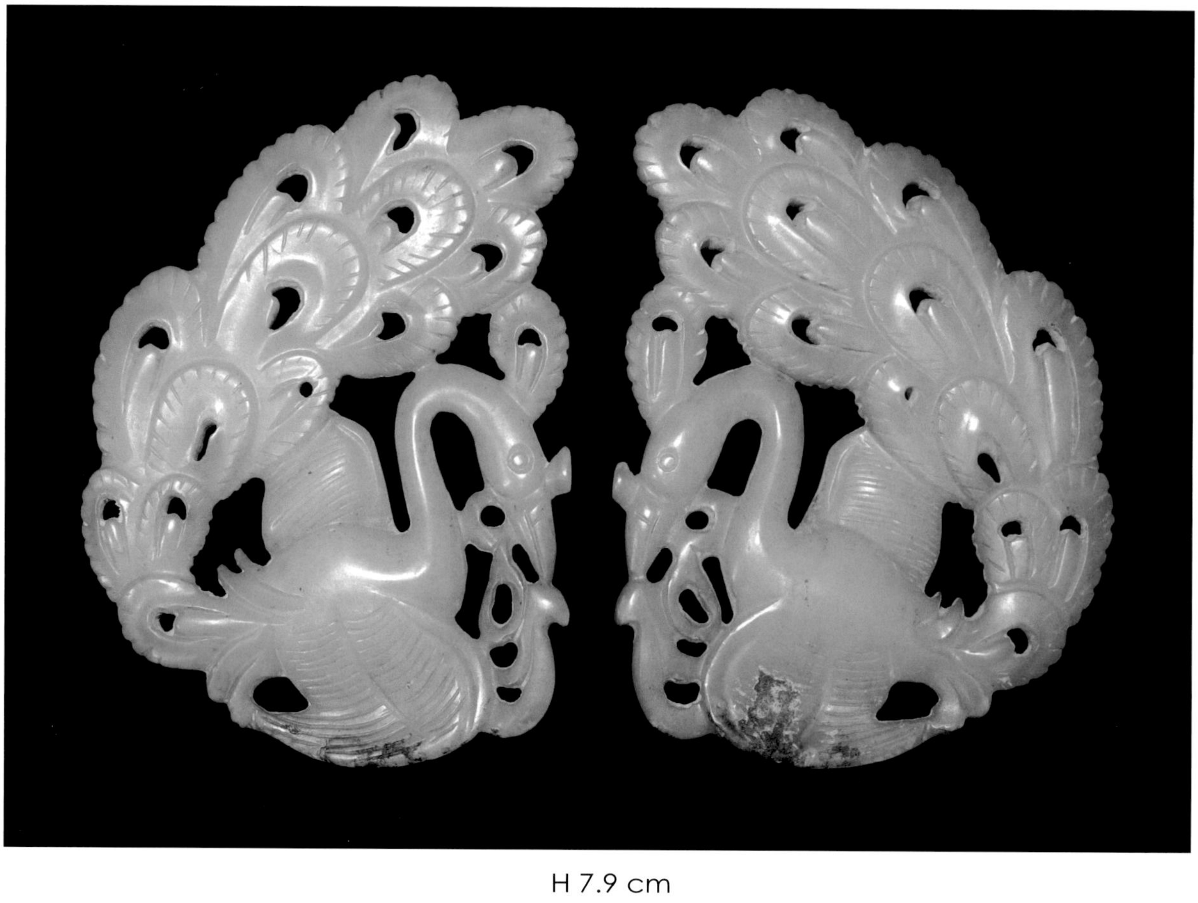

H 7.9 cm

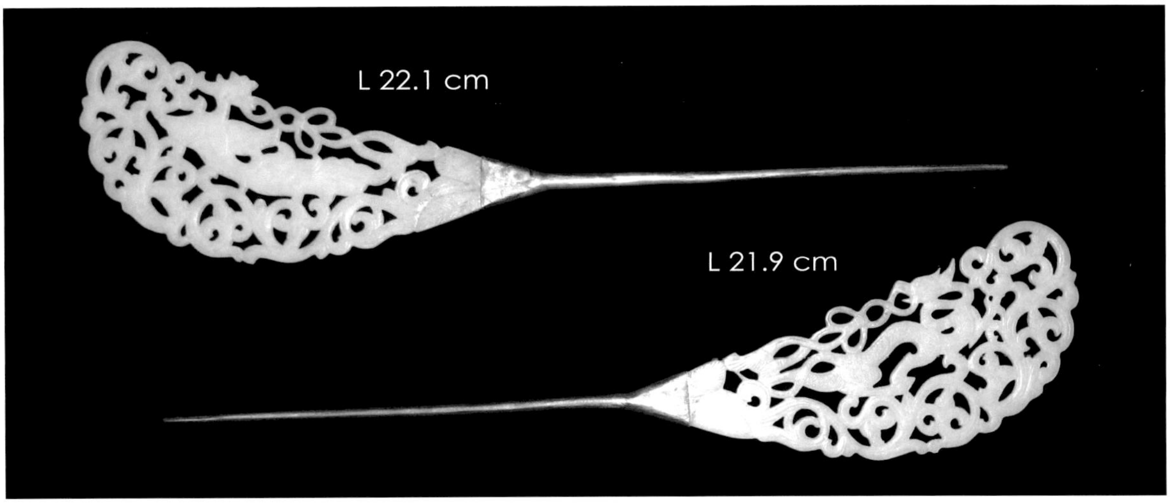
L 22.1 cm
L 21.9 cm

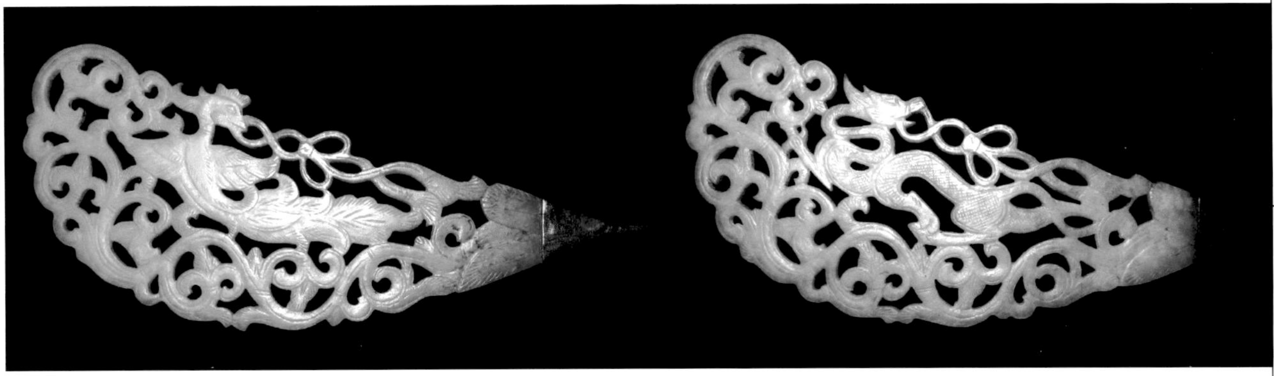

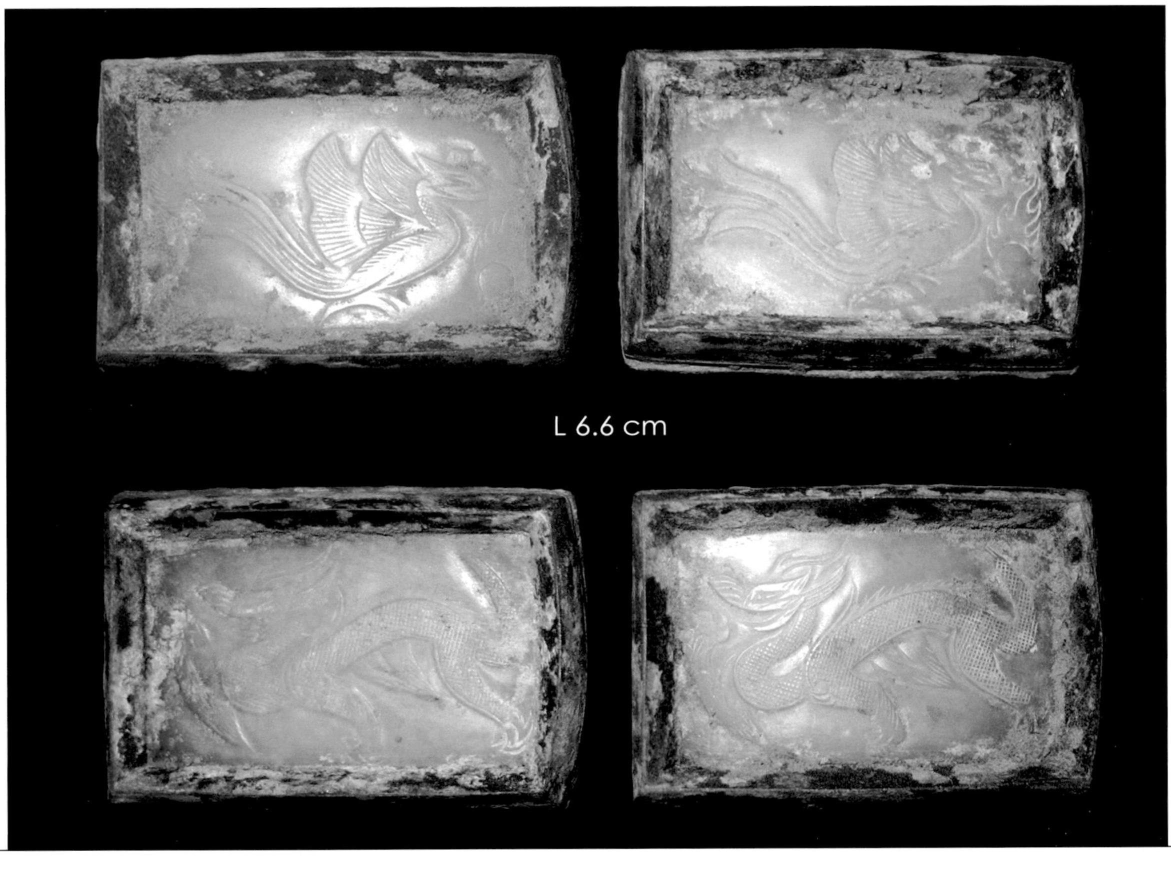
L 6.6 cm

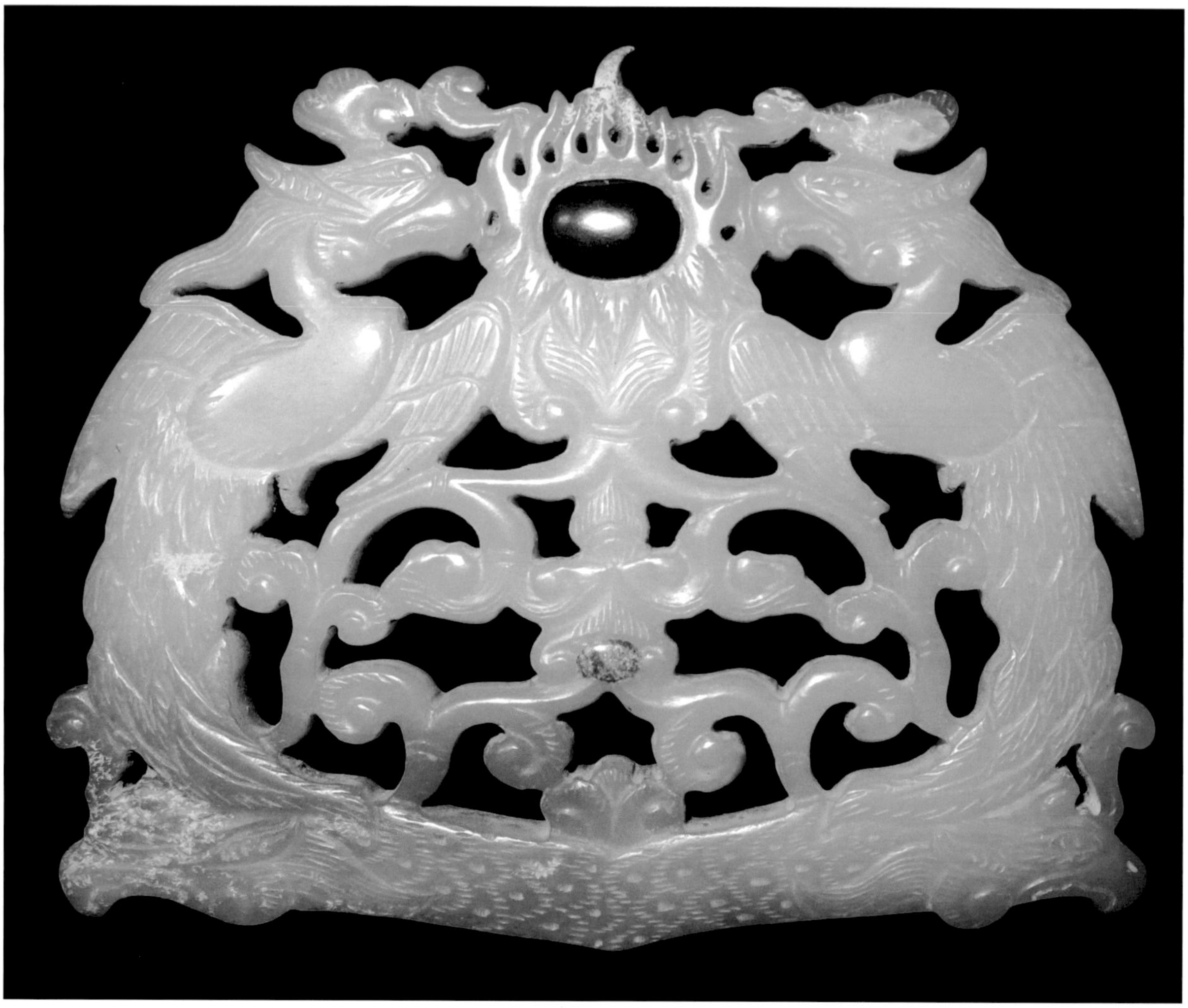

L 7.9 cm

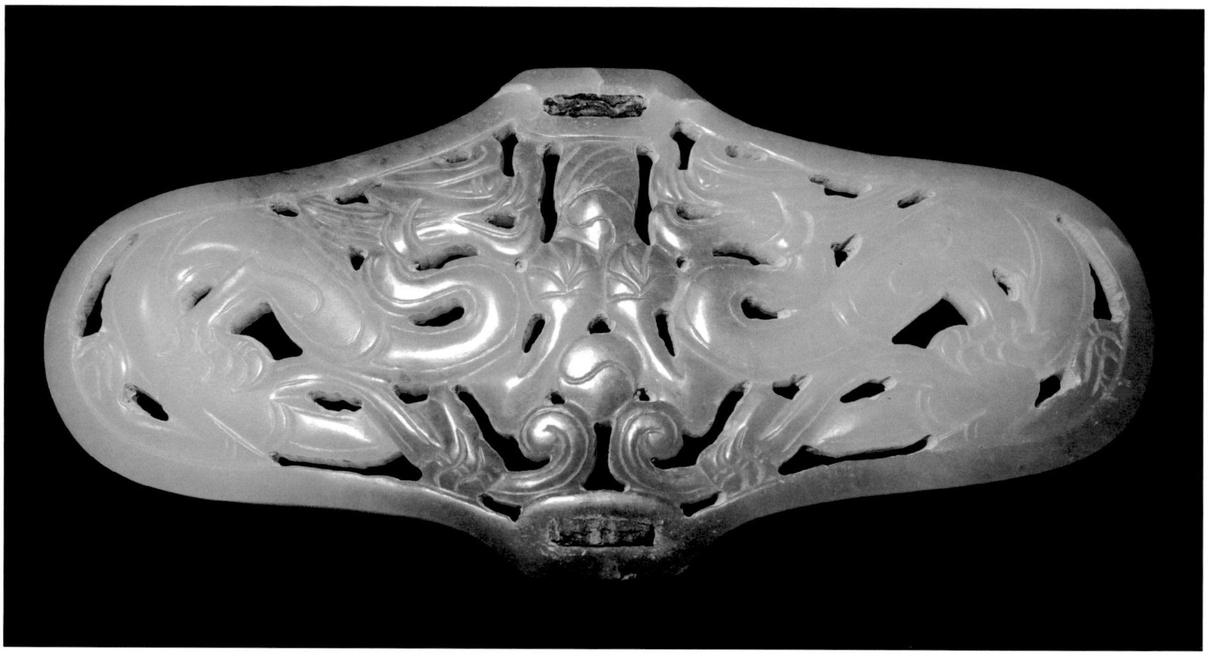

L 10.6 cm

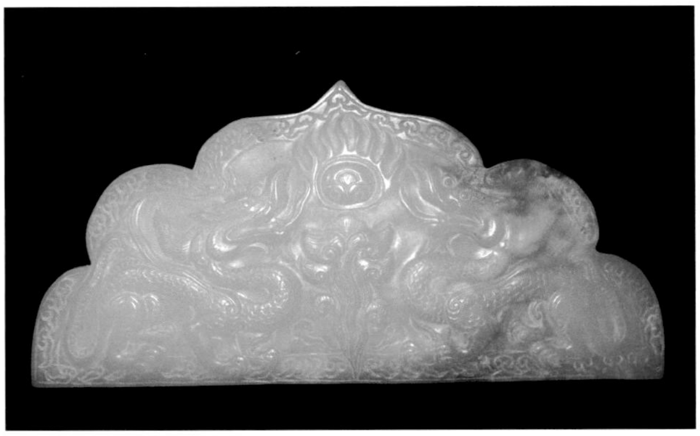
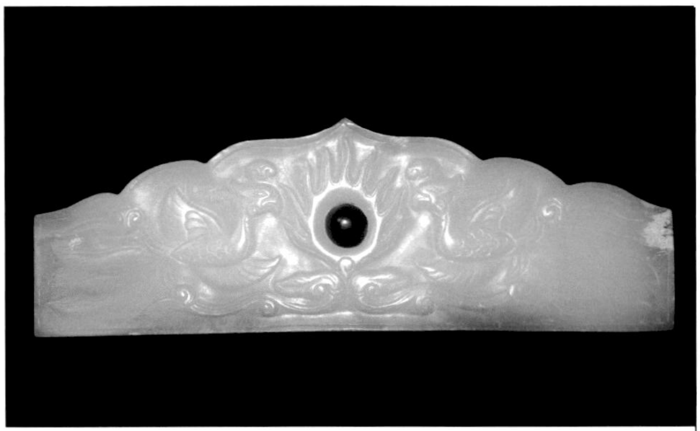

L 11.5 cm　　L 11.5 cm

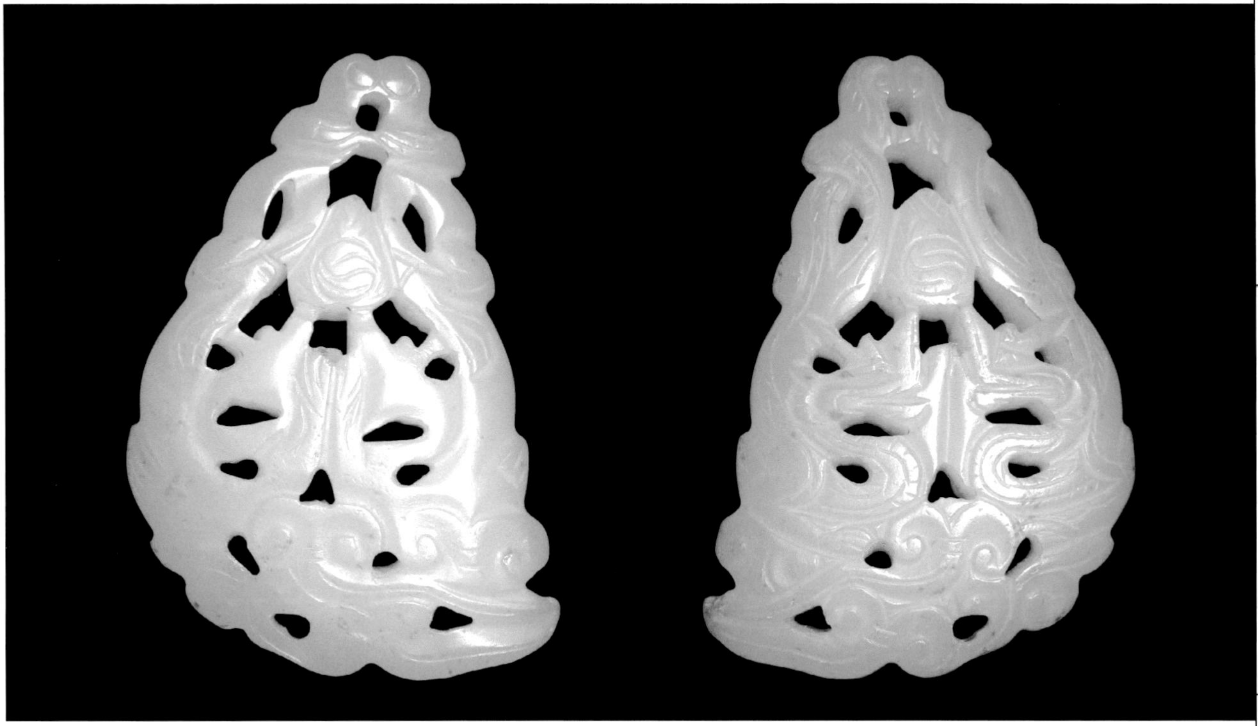

H 4.4 cm

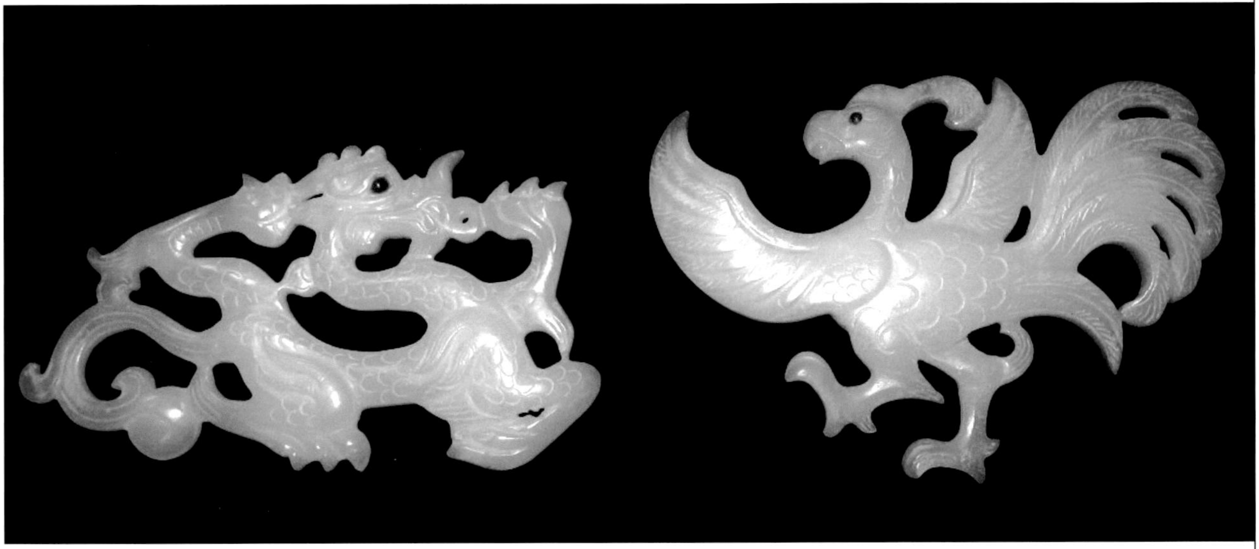

L 8.1 cm　　L 8.2 cm

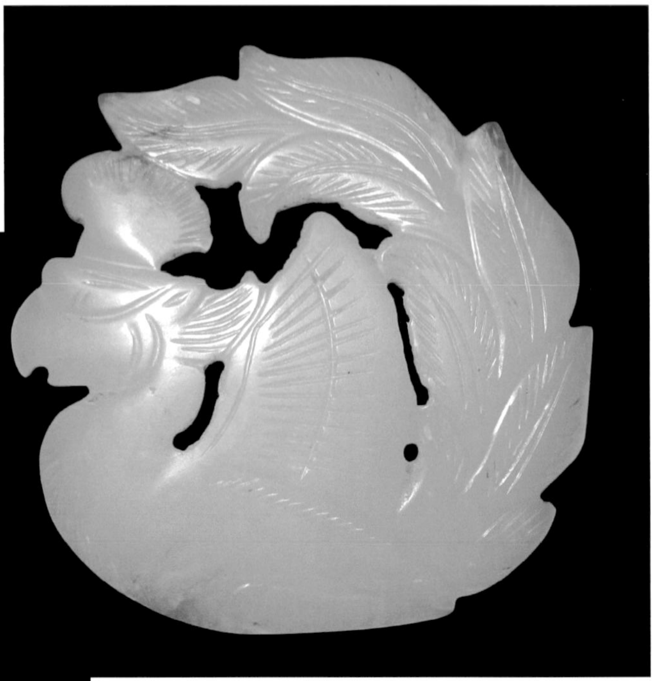

L 4.9 cm

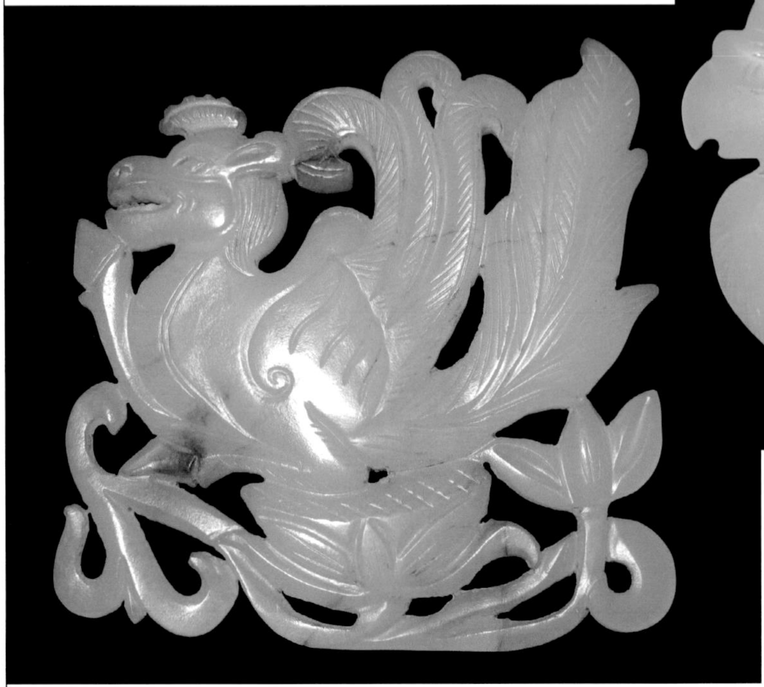

H 6.6 cm

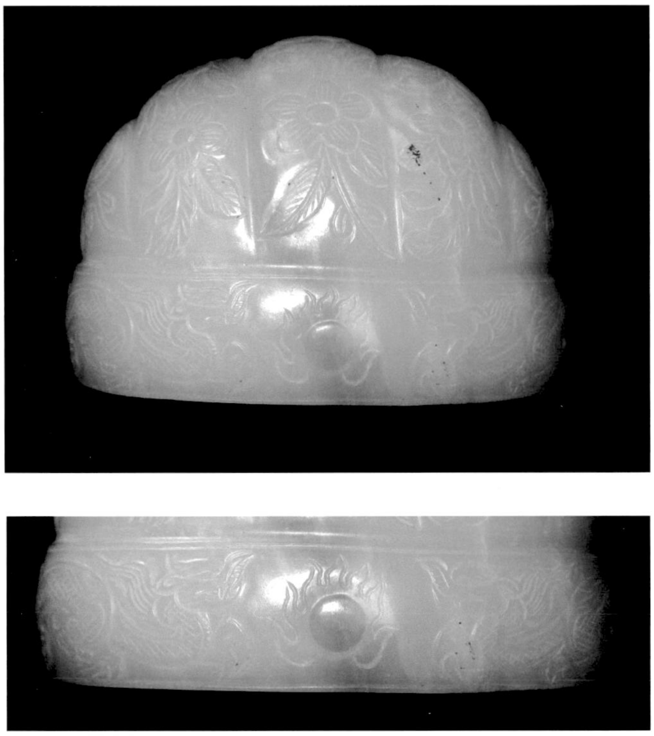

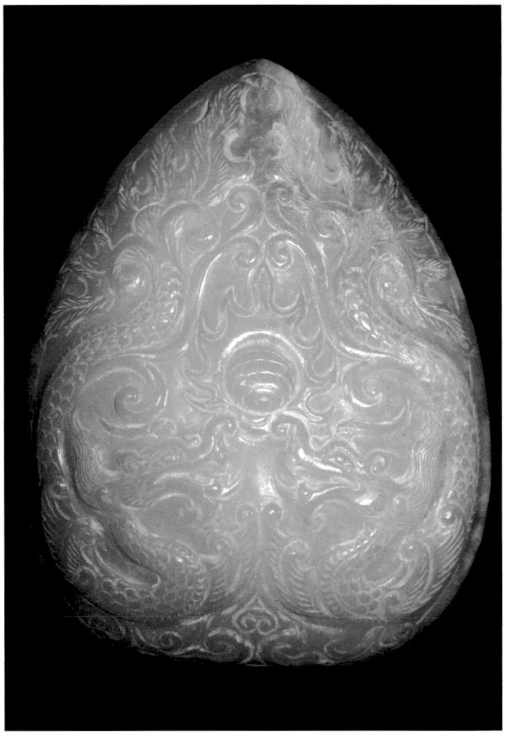

H 7.5 cm

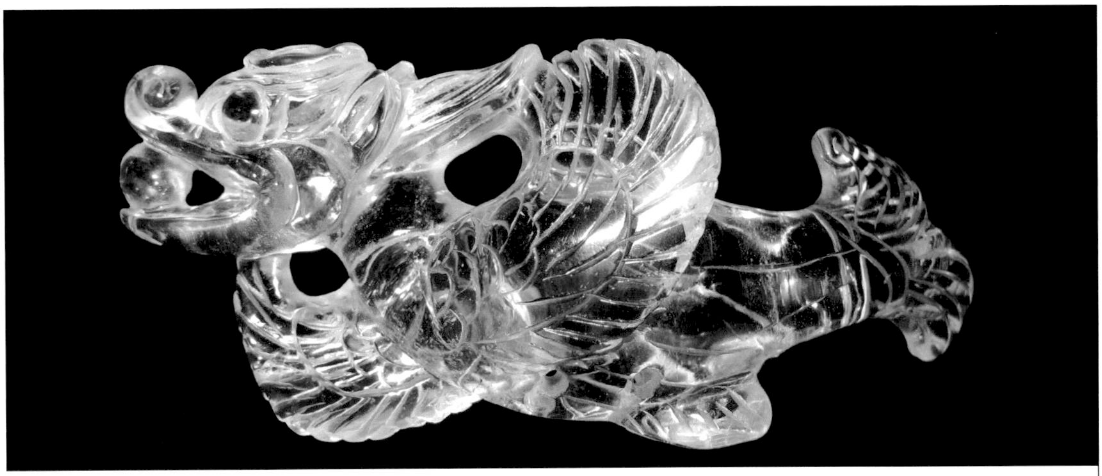

L 10.2 cm

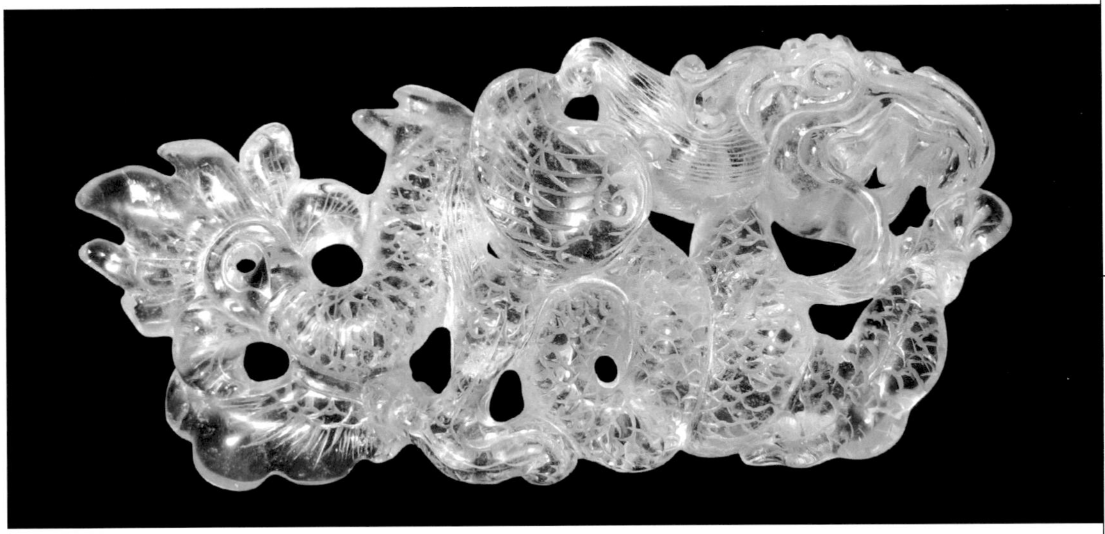

L 25.3 cm

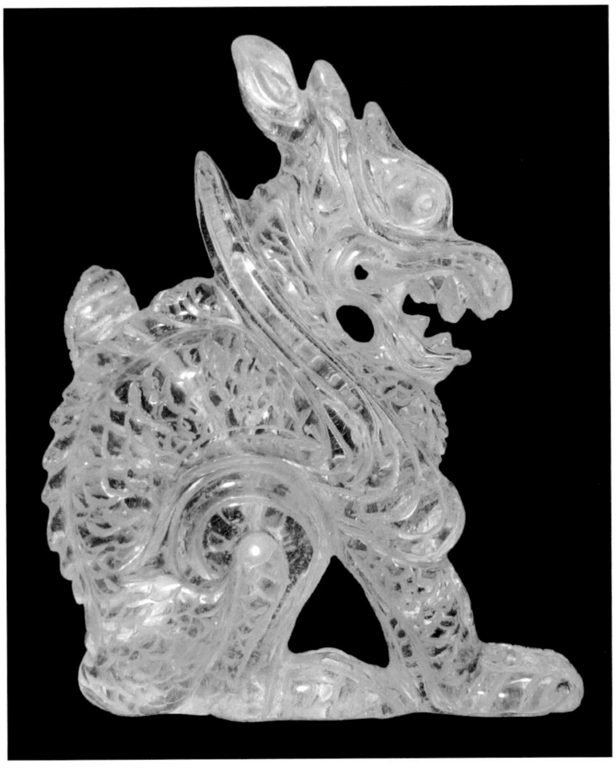

H 9.3 cm

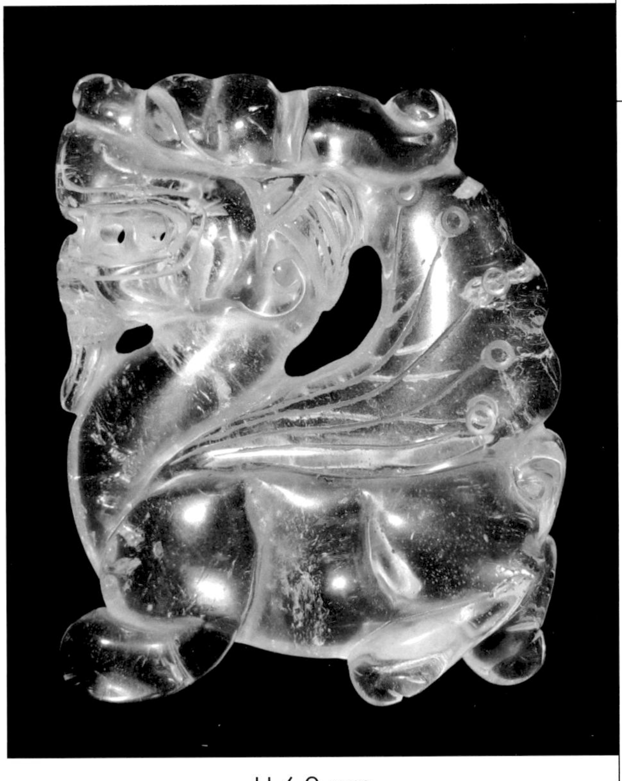

H 6.0 cm

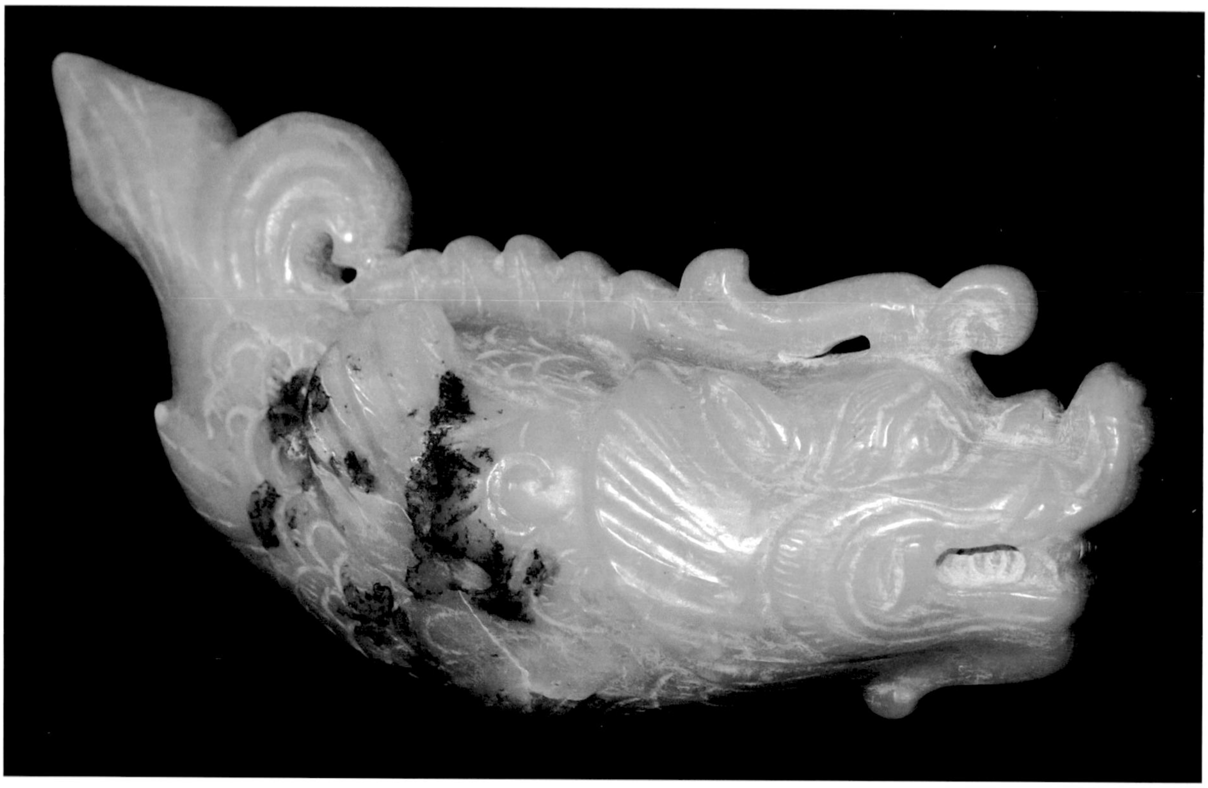

L 11.2 cm

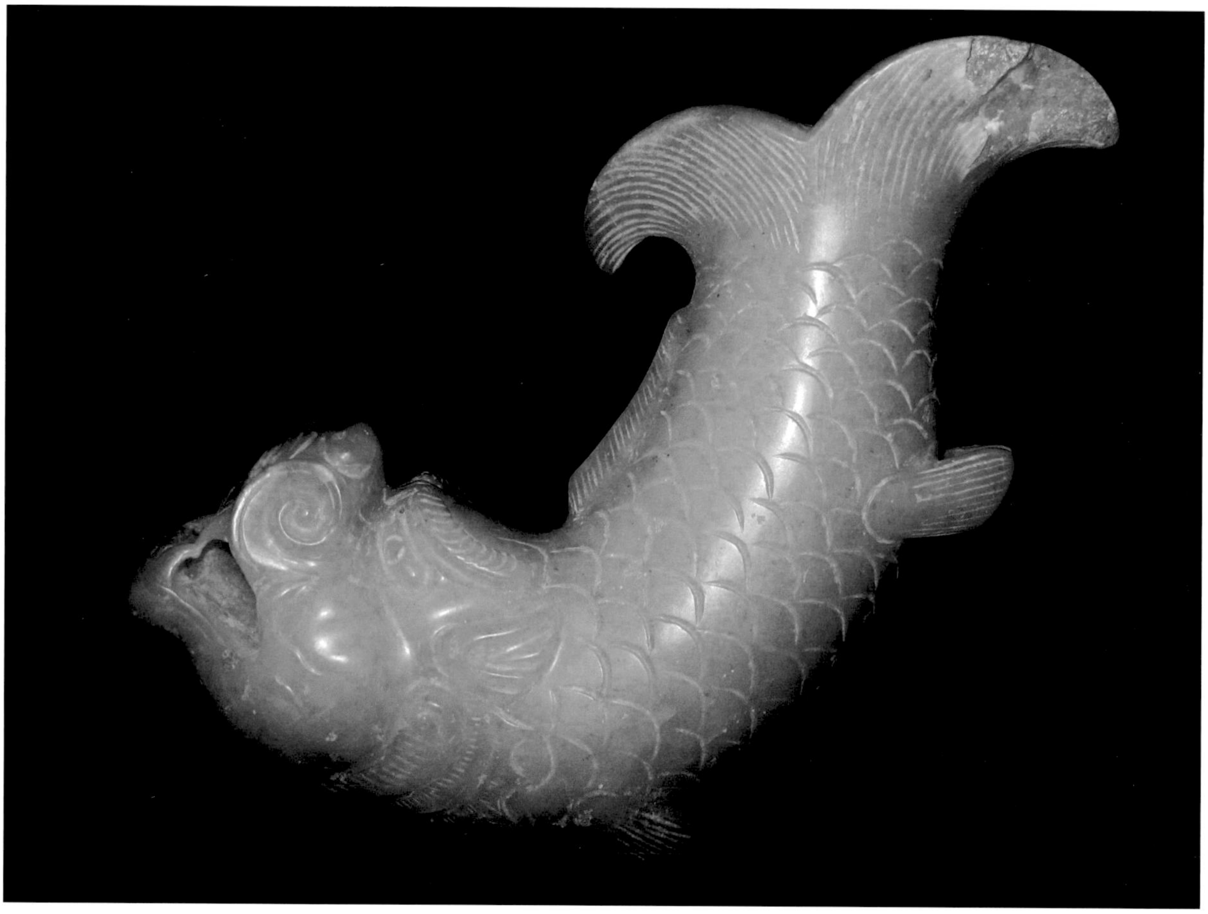

L 10.9 cm

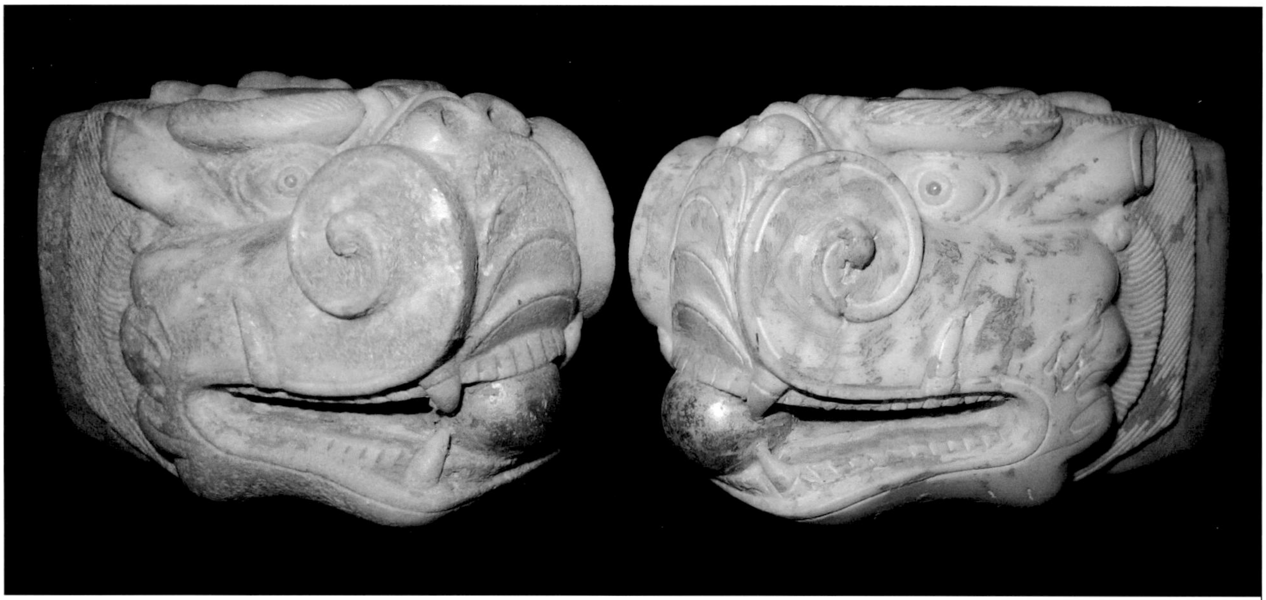
L 10.5 cm

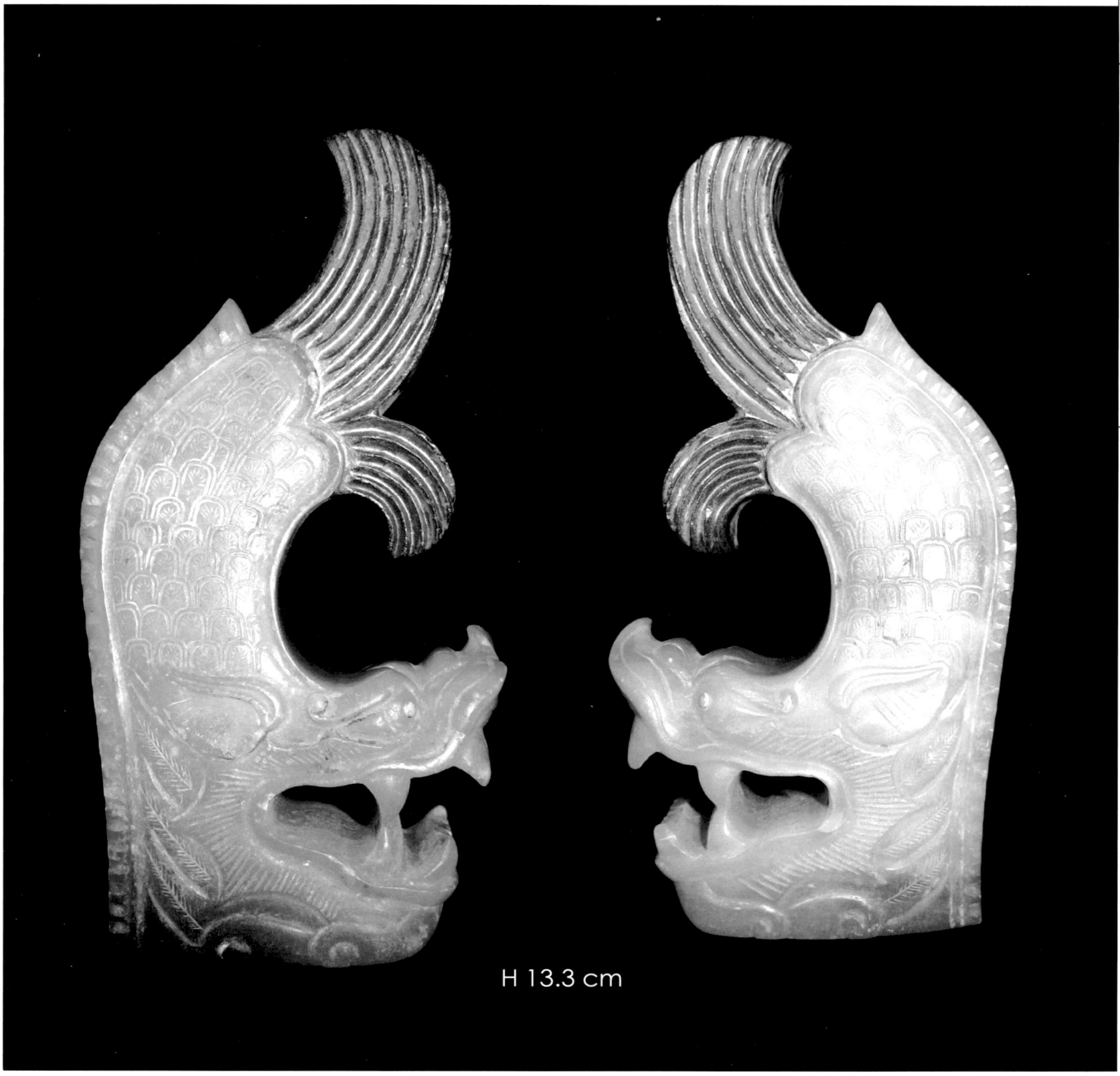
H 13.3 cm

L 5.9 cm

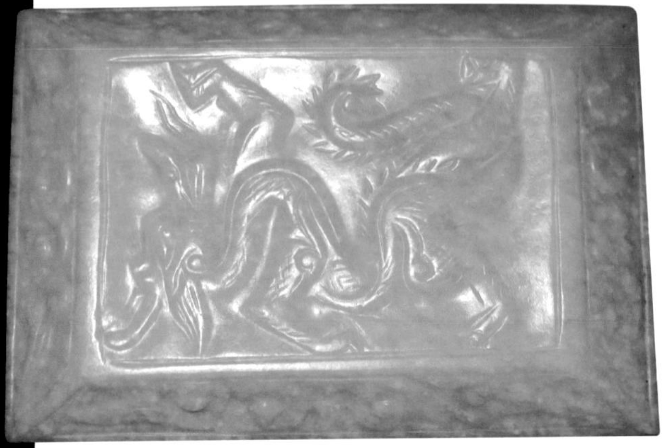

L 11.2 cm, W 5.5 cm, H 5.4 cm

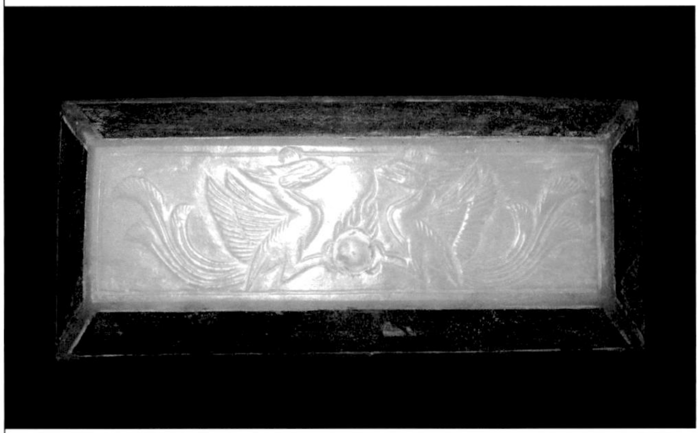

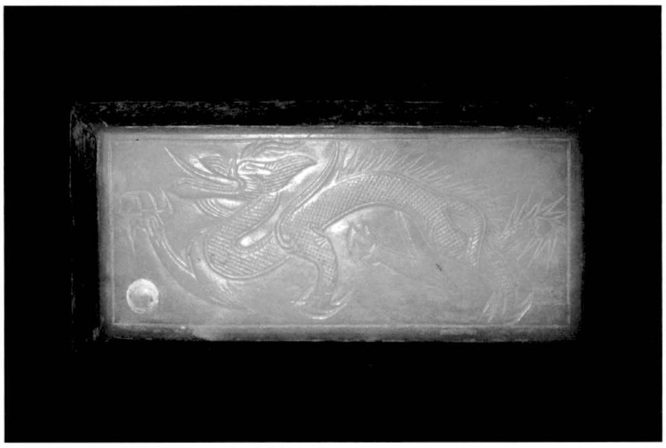

L 9.9 cm

L 15.3 cm

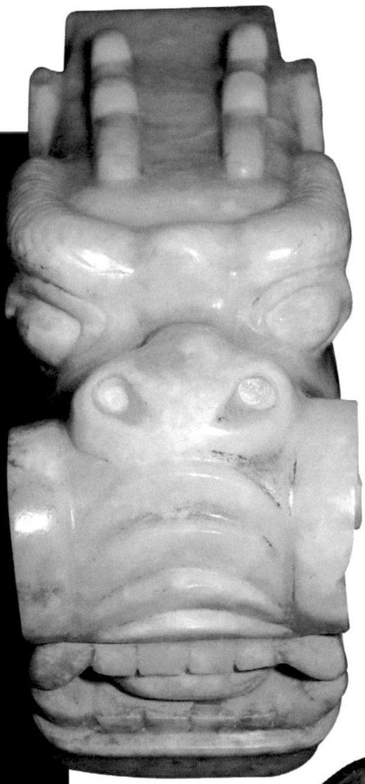

H 6.2 cm

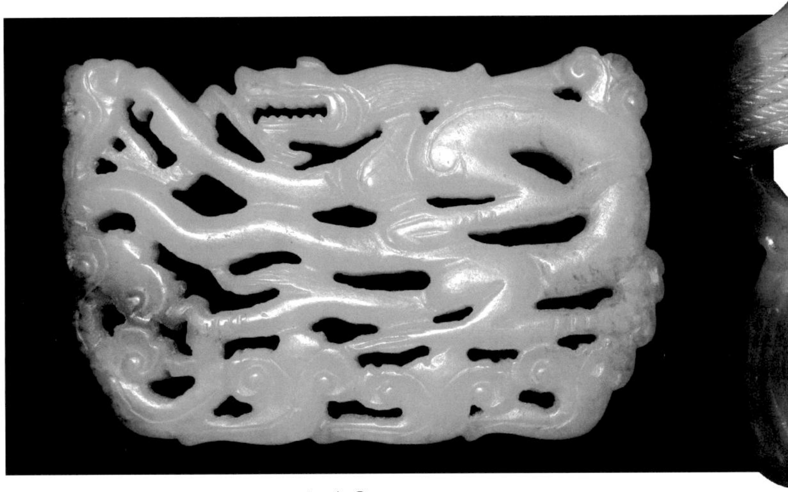

L 6.2 cm

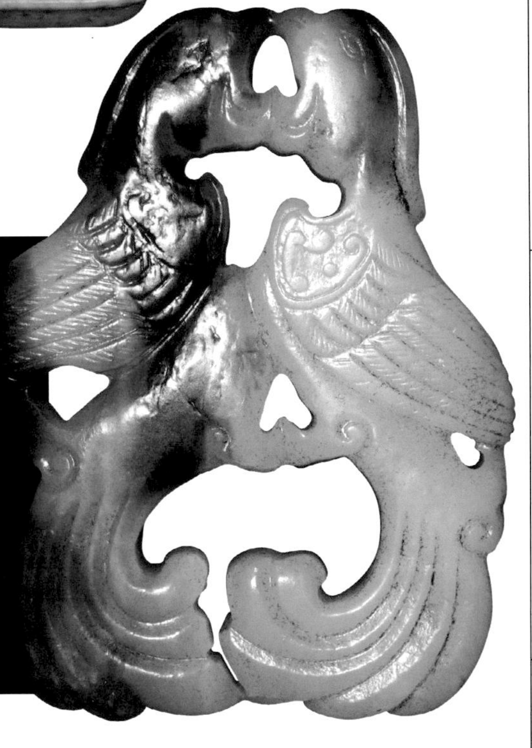

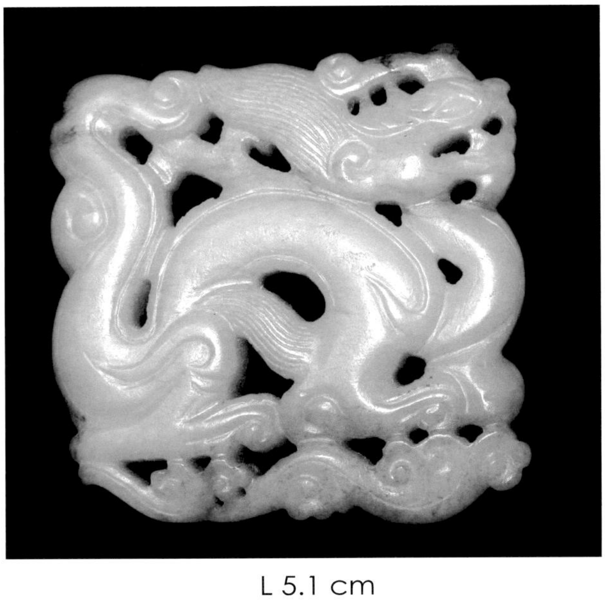

L 5.1 cm

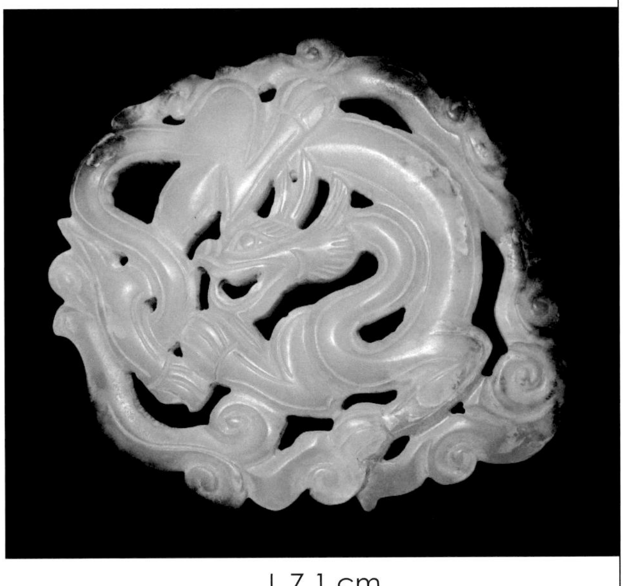

L 7.1 cm

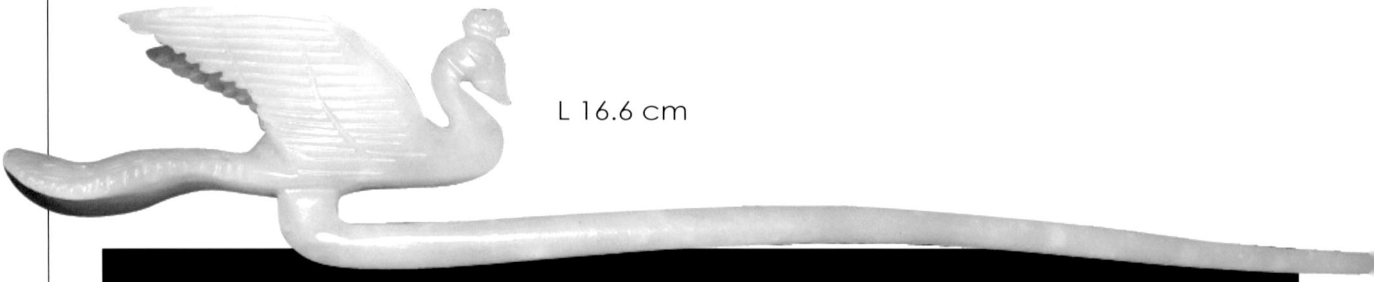

L 16.6 cm

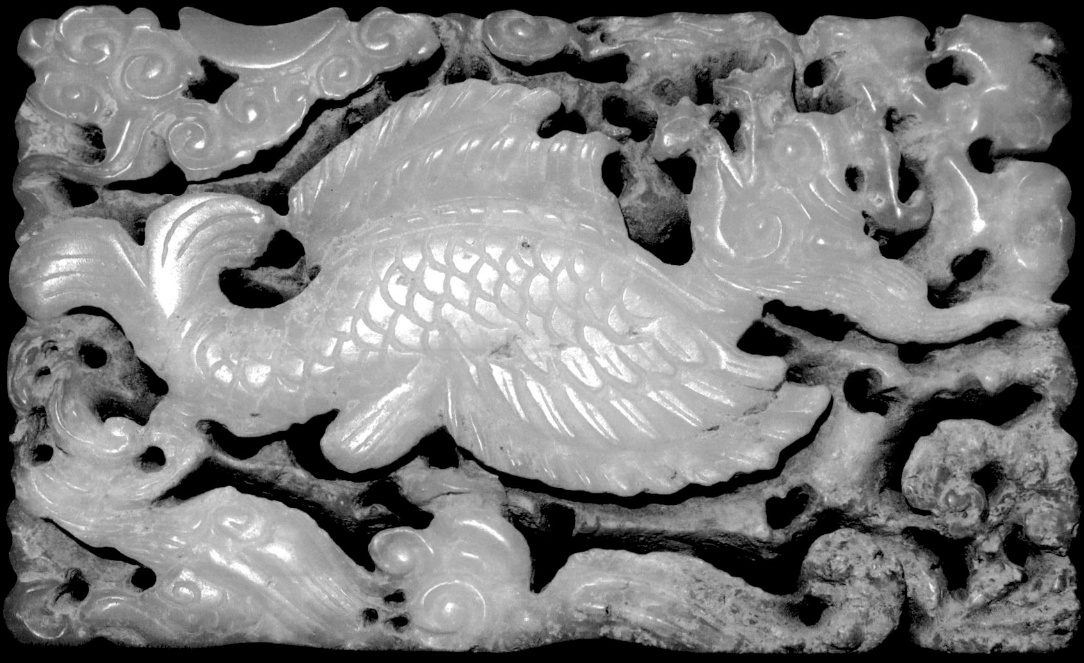

L 8.6 cm

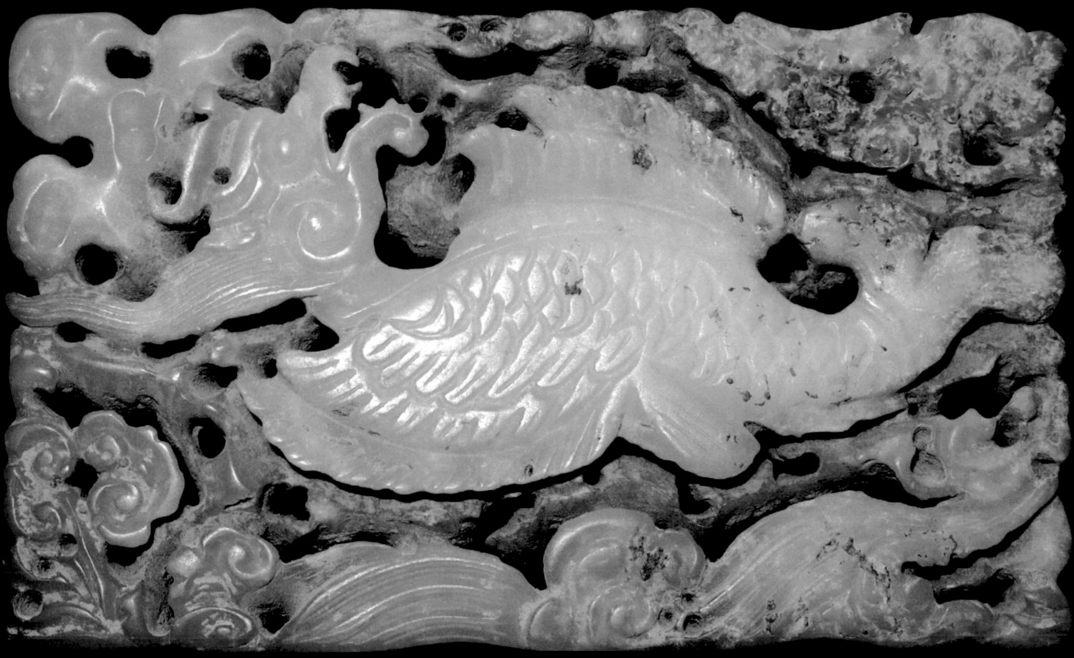

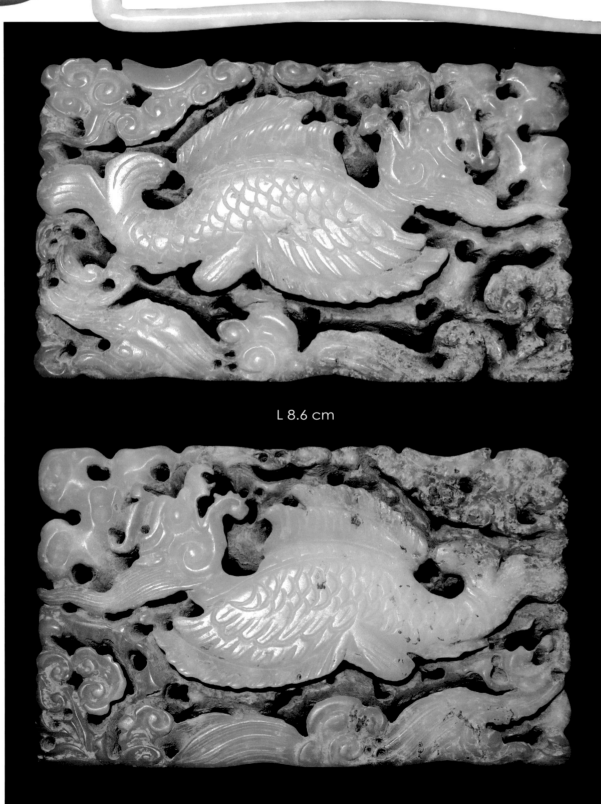

H 9.0 cm

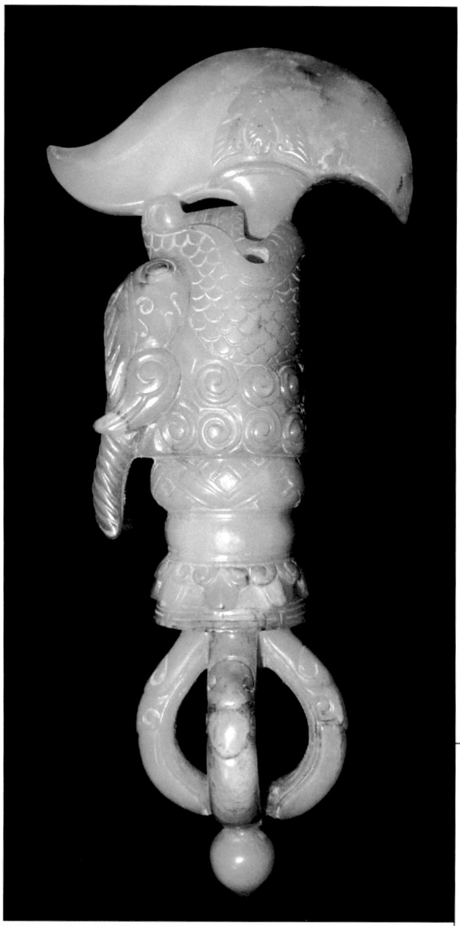

H 15.9 cm

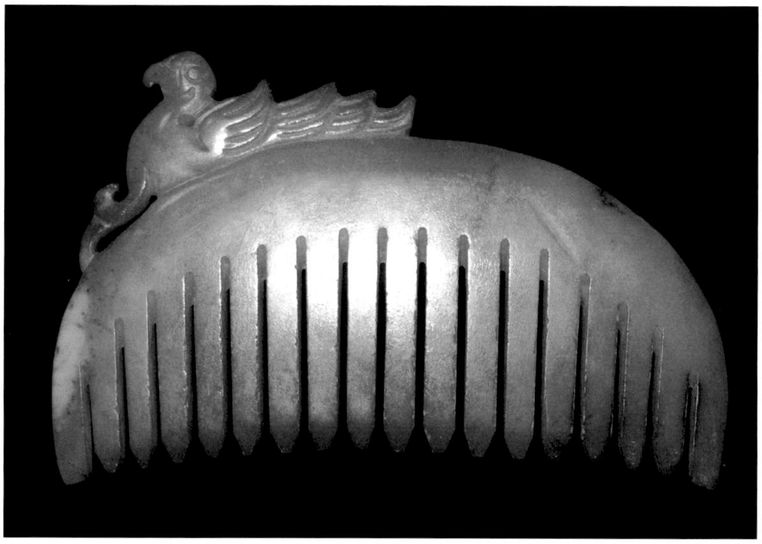

L 10.4 cm

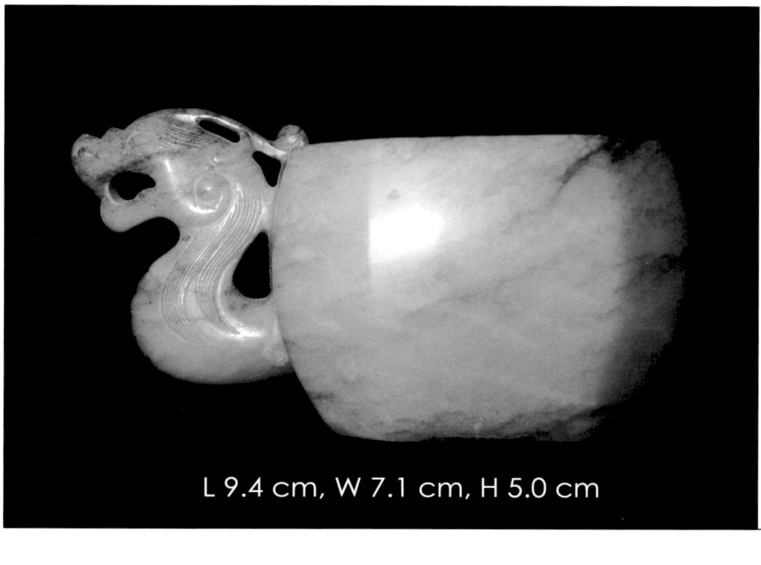

L 9.4 cm, W 7.1 cm, H 5.0 cm

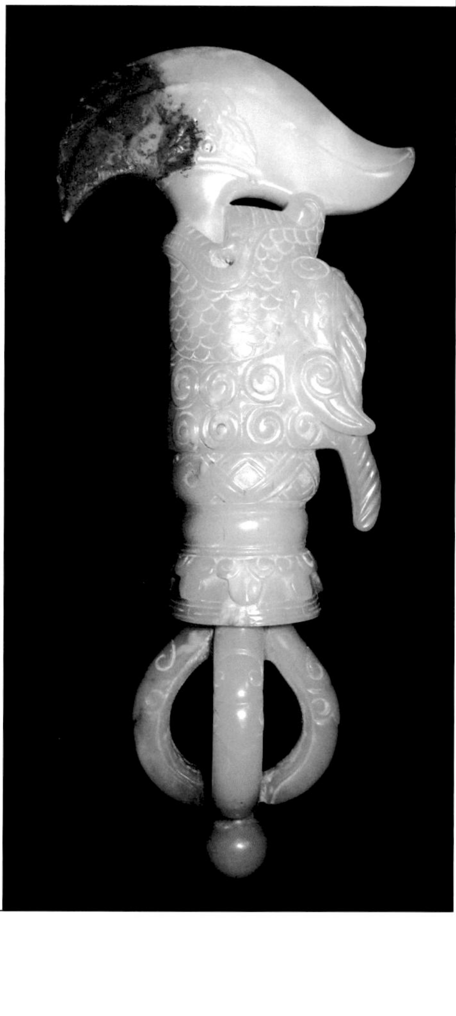

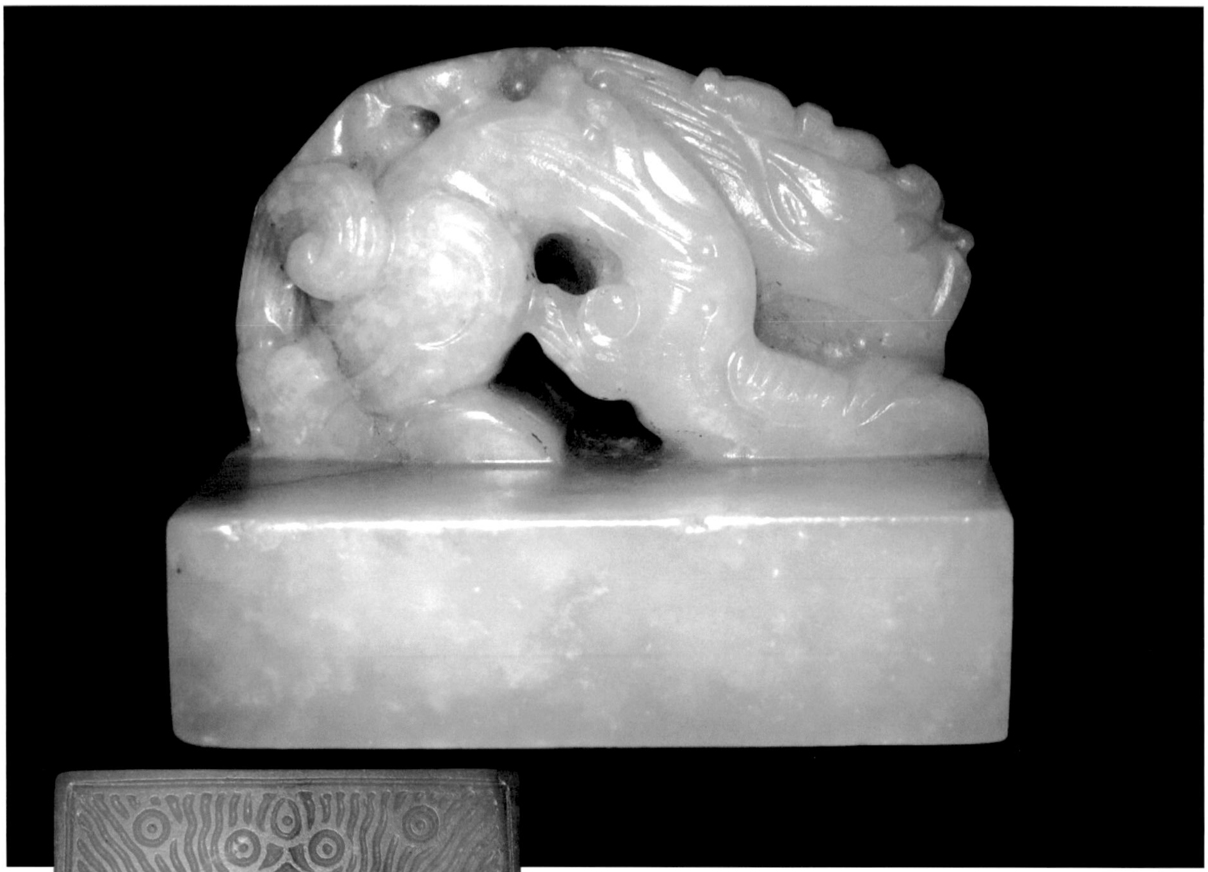

L 4.8 cm

L 6.4 cm

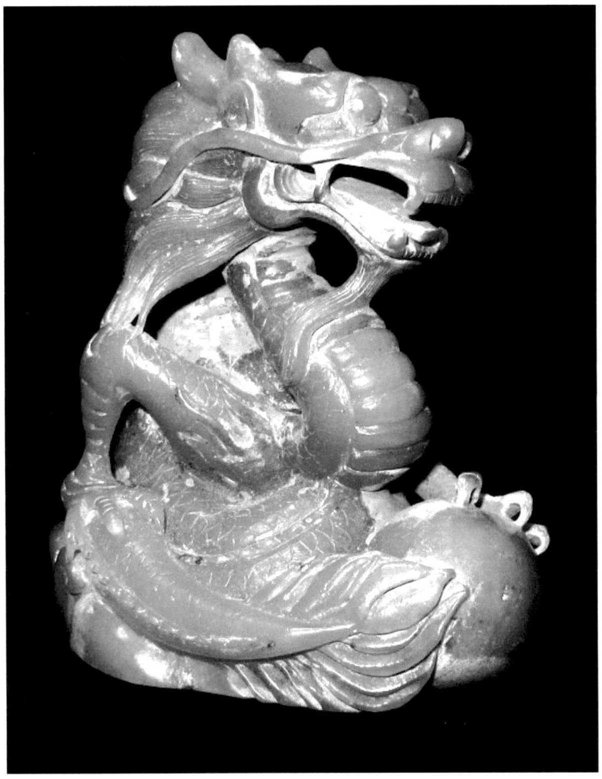

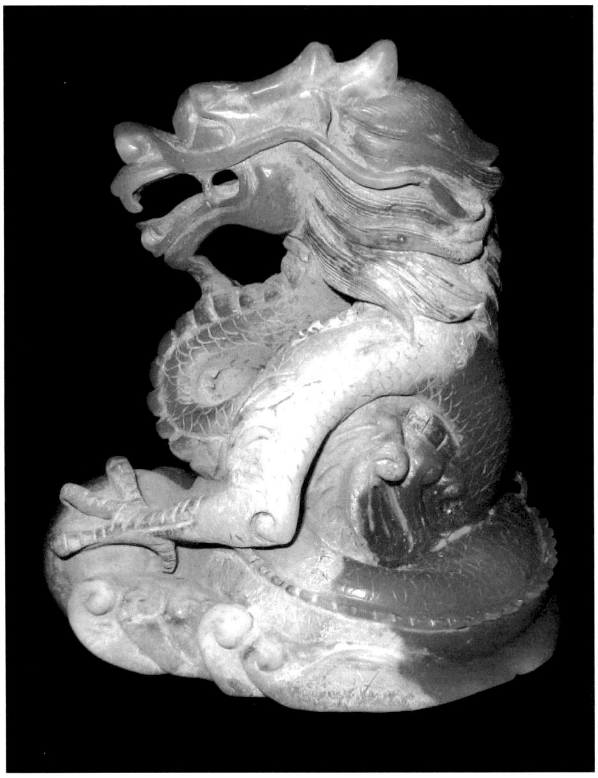

H 9.0 cm

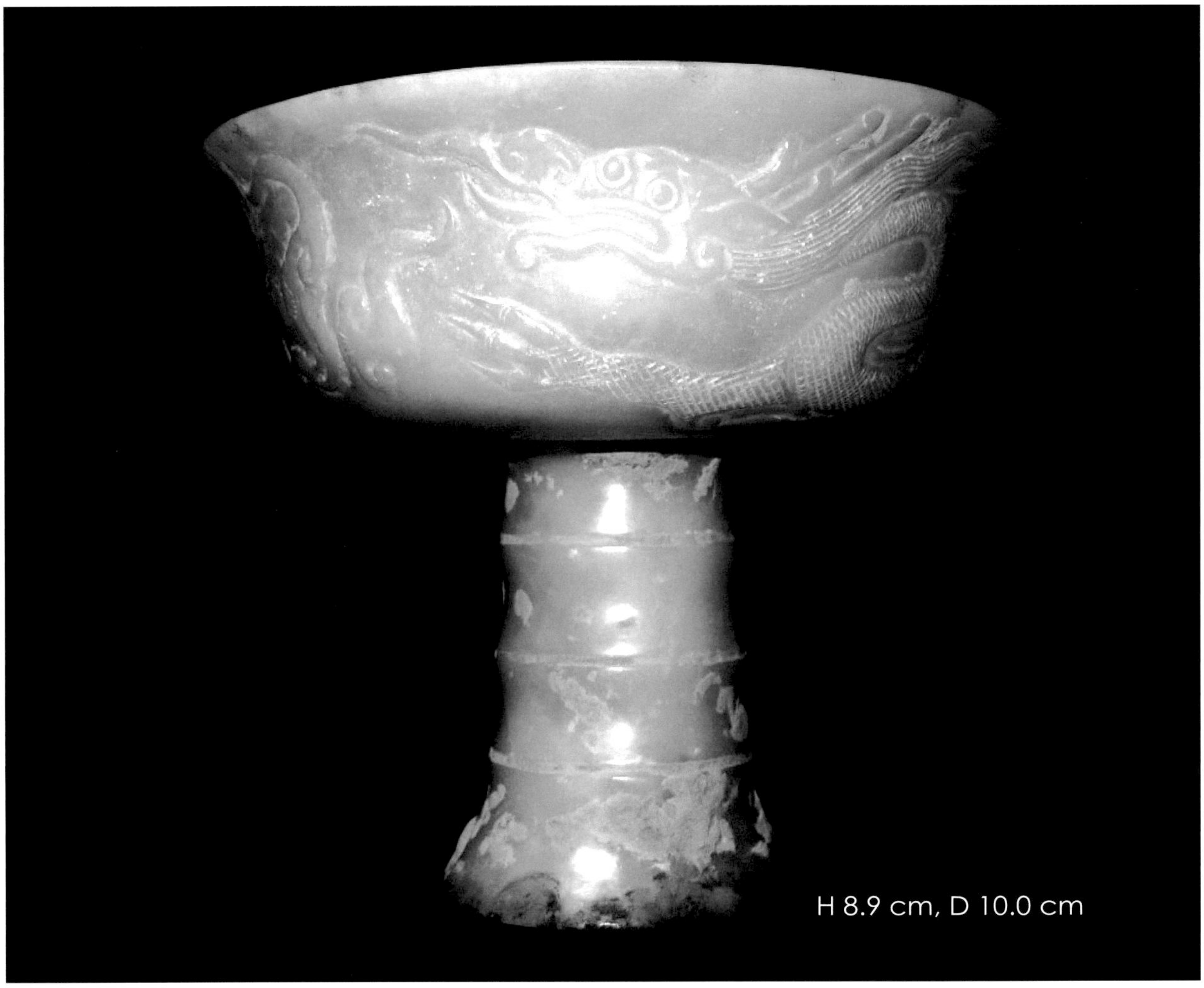

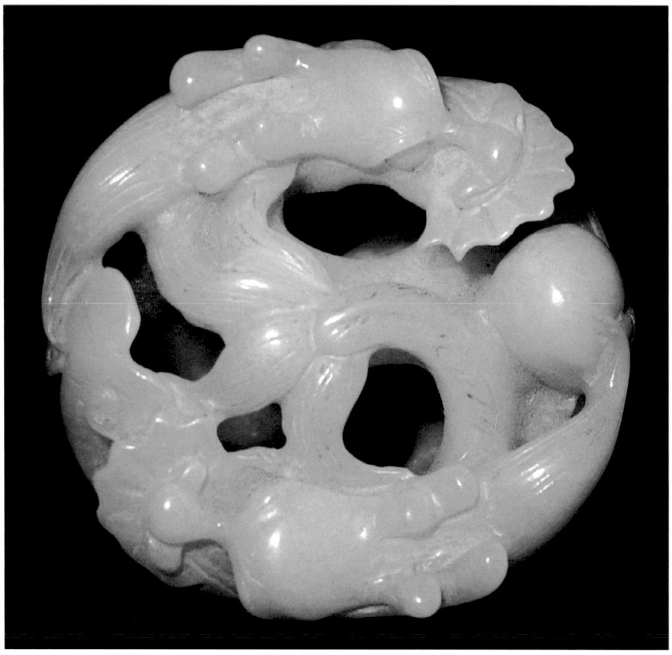

D 5.3 cm

L 7.3 cm

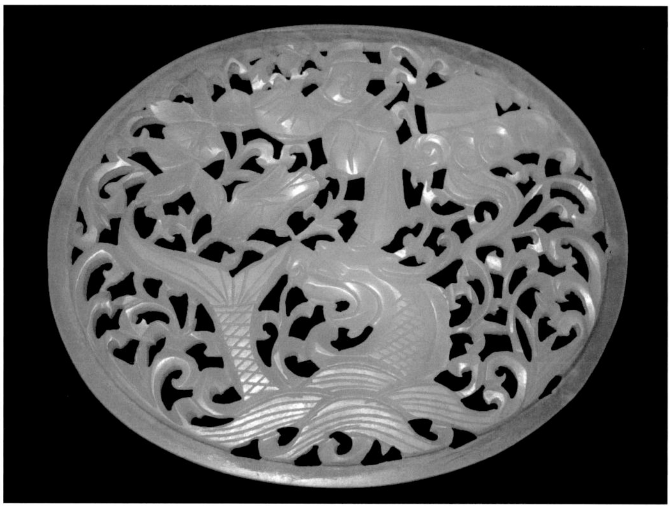

L 6.6 cm

H 12.0 cm

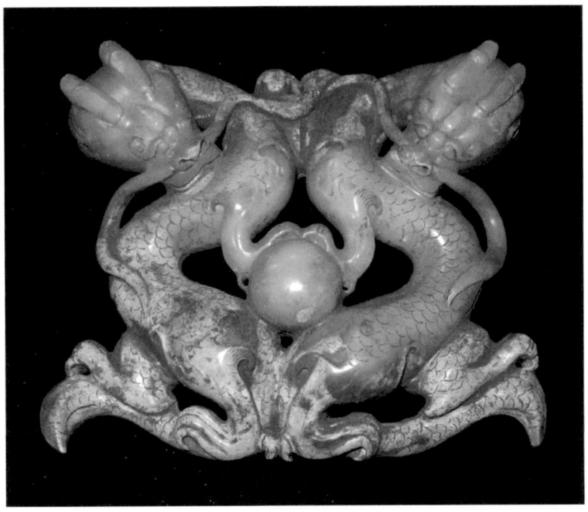

L 11.7 cm

L 10.5 cm, H 11.7 cm

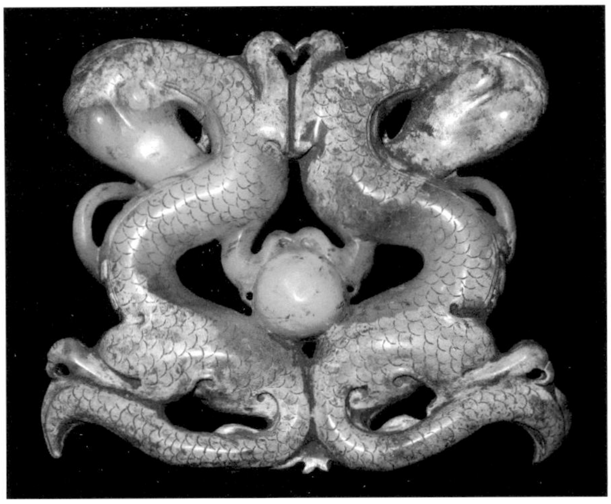

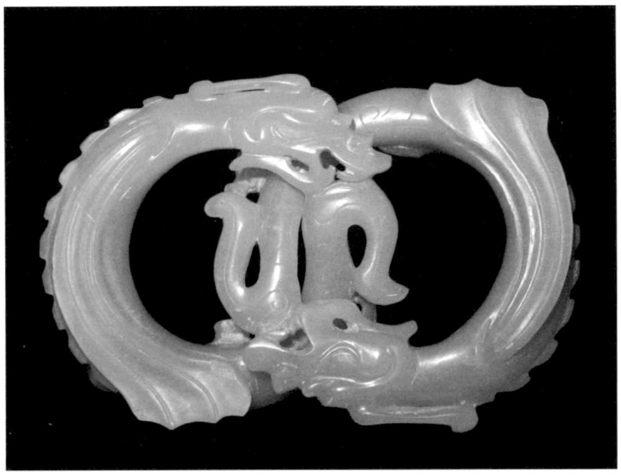

L 8.0 cm

L 87.5 cm

國家圖書館出版品預行編目(CIP)資料

中華古玉龍騰鳳舞 / 羅基煌著. -- 初版 . -- 臺中
市 : 白象文化 , 民 104.08
面 ; 公分
ISBN 978-986-358-217-5 (精裝)
1. 古玉 2. 玉器 3. 中國文化
794.4 104013470

中華古玉 — 龍騰鳳舞

CHINESE ARCHAIC JADE-Dragon & Phoenix

編 著：羅 基 煌
電 郵：jacklo1209@gmail.com
設 計：春耕廣告有限公司
攝 影：許 百 辰
出 版：白象文化事業有限公司
印 刷：禾順彩色印刷製版股份有限公司
建議售價：新臺幣二〇〇〇元整
出版日：中華民國一〇四年七月